설정환의 도시재설정再設定

- 골목에서 시작하는 대한민국 생활혁신 실험 -

설정환 지음

시와사람

설정환의 도시재설정

2026년 2월 15일 인쇄
2026년 2월 20일 발행

지은이 | 설 정 환
펴낸이 | 강 경 호
마케팅 | 박 희 도
디자인 | 정 찬 애
발행처 | 도서출판 시와사람
등록 | 1994년 6월 10일 제 05-01-0155호
주소 | 광주광역시 동구 양림로119번길 21-1(학동)
전화 | (062)224-5319
팩스 | (062)225-5319
E-mail | jcapoet@hanmail.net

ISBN 978-89-5665-816-2 03810

값 20,000원

* 지은이와의 협의로 인지를 붙이지 않습니다.
* 잘못된 책은 바꾸어 드립니다.

공급처 ■ 한국출판협동조합
경기도 파주시 적성면 가월리 1859- 9 한국출판협동조합 적성물류센터
주문전화 (02)716- 5616, 070- 7119- 1740

설정환의 도시재설정再設定

■ 머리글

나는 왜 지역에 몰두하는가?

– 지역의 '고질적인 고리'를 끊어내기 위해

나는 언제부터인가 지역의 문제를 '관심사'가 아니라 '일상의 일부'처럼 받아들이며 살아오고 있다. 마을에서, 환경 현장에서, 문화정책과 도시재생 현장에서, 그리고 방송과 글을 통해 지역의 이야기를 전하는 일이 내 삶의 중요한 축이 되었다. 시민사회 활동과 연구, 정책 제안, 국회와 정당 활동을 거치며 제도와 예산이 어떻게 움직이는지도 가까이에서 보아왔다. 그러니 지역에 몰두해 온 시간이 우연이거나 일시적인 선택이었다고 말하기는 어려울 것 같다.

그럼에도 불구하고, 이 모든 과정을 지나오며 마음 한편에는 늘 해소되지 않는 갈증 같은 것이 남아 있었다. 현장을 오래 다닐수록, 내가 직접 설계하거나 함께 고민한 정책들이 제도의 문턱을 넘지 못하고 멈춰 서는 장면을 반복해서 보게 될수록, 그 갈증은 쉽게 사라지지 않았다. 좋은 뜻과 아이디어가 있어도 예산이 뒷받침되지 않으면 실행되기 어렵고, 행정조직의 구조 안에 들어가지 못하면 오래 지속되기 힘들다는 사실을 여러 차례 확인했다. 정책의 성패가 내용만의 문제가 아니라 구조와 권한의 문제이기도 하다는 점을, 나는 점점 더 분명하게 느끼게 되었다.

그 사이 지역을 둘러싼 말들도 달라졌다. '위기', '소멸', '불안' 같은 단어가 특별한 표현이 아니라 일상적인 언어처럼 쓰이기 시작했다. 물론 지역이 어려움을 말해 온 시간은 길다. 다만 요즘은 그 말들이 통계나 전망을 넘어, 주민의 감정과 생활의 체감으로 내려앉아 있는 듯하다. 한 사람, 한 단체, 한 기관이 애써 목소리를 내지만, 그 목소리들이 하나의 해법으로 모이는 장면은 그리 자주 보이지 않는다. 각자의 절박함이 각자의 방식으로 흩어지며, 문제를 '견디는 말'만 늘어나는 것처럼 느껴질 때도 있다.

문제는 분명히 보이는데, 문제를 풀기 위한 해법을 찾는 일에는 사람도, 예산도, 조직도 쉽게 모이지 않는다. 해결의 설계도가 차곡차곡 쌓이기보다 단발성 사업과 임시 처방이 반복되고, 사업이 끝나면 다시 원점으로 돌아가는 흐름이 이어진다. 그 과정에서 지역은 조금씩 활력을 잃어 왔고, 주민들은 "어쩔 수 없다"는 말에 점점 익숙해지는 듯했다. 나는 그 익숙함이 쌓여, 지역의 가능성을 스스로 낮추는 방향으로 굳어지지 않을까 조심스레 걱정하게 되었다.

이런 흐름을 바꾸려면 무엇이 필요할까. 나는 점점 '연결'과 '집중'이 중요하다는 생각을 하게 되었다. 흩어진 목소리를 모아 공통의 우선순위를 세우고, 그 우선순위를 제도와 예산, 조직의 책임 구조로 옮기는 일. 말로 진단하는 수준을 넘어, 시간이 지나도 계속 작동하는 체계로 만들기 위해서는 결국 정치의 역할이 닿는 지점이 있다는 사실을 외면하기 어려웠다. 정치가 모든 답을 쥐고 있다고는 생각하지 않는다. 다만 정치를 거치지 않고서는 바꾸기 힘든 구조가 분명히 존재한다는 점을, 나는 현장과 제도의 사이에서 여러 번 느껴 왔다.

그래서 나는 '왜 정치를 하려 하는가'보다 먼저, '왜 지역에 이렇게까지 몰두하게 되었는가'를 스스로에게 묻게 된다. 그

것은 어떤 영웅적 결심이나 거창한 사명감이라기보다, 문제를 보면서도 계속 옆에 서 있기만 할 수는 없겠다는 마음에 더 가깝다. 문제를 아는 사람만 늘어나는 지역이 아니라, 문제를 풀기 위한 사람과 예산과 조직이 실제로 모이는 지역. 각자의 선의가 흩어지지 않고, 공동의 해법으로 이어질 수 있는 구조. 그 가능성을 더 자주, 더 안정적으로 만들어 볼 수 있다면, 제도와 권한이 닿는 자리에서의 역할도 외면하기 어렵다는 생각에 이르렀다.

아마 이 선택은 분명한 답이나 단정으로만 설명할 수 있는 길은 아닐 것이다. 다만 분명해 보이는 것은, 지금까지 반복되어 온 방식만으로는 지역의 불안과 소멸의 언어를 서서히 다른 말로 바꾸기 쉽지 않았다는 사실이다. 나는 그 사실을 인정하는 자리에서부터, 지역을 더 오래 붙잡고 고민해 보려 한다. 정치라는 선택 역시, 그 고민의 연장선 위에 놓여 있다. 이 길이 모든 문제를 해결해 주지는 않겠지만, 적어도 문제를 구조로 다루기 위한 시도를 계속 이어 갈 수 있는 통로가 되기를 바라는 마음으로, 나는 오늘도 지역사회와 호흡하고 있다.

차례

■ 머리글

나는 왜 지역에 몰두하는가? • 6

■ 일러두기 • 16

01 재난은 하늘에서, 해법은 발밑에서

광주 북구에 국립주민자치연수원을 • 26

지방소멸 위기 외면하는 '지방연구원' 설립 기준 폐기하라 • 31

광주국가정원, 시민참여형 호남 미래정원으로 만들자 • 36

'10년째 제자리' 광주 중부경찰서 조기 건립이 시급하다 • 41

대학의 문을 열어야 광주의 미래가 열린다 • 46

무등산 조망권 회복과 광주의 미래, 랜드마크 타워를 제안한다 • 51

광주, '독서문화민주주의'로 제2의 노벨문학상 이끌자 • 55

우리 동네에서 예술 작품 빌려볼까? • 60

재난은 하늘에서 오지만, 해법은 발밑에서 시작된다 • 65

광주 북구 평두메습지, 주민자치형 생태습지공동체 모델로 • 70

광주 기초의회 의원연구모임 10년, 다음을 위한 과제 • 75

02 보이지 않게 되자 보이는 것들

'대한민국 문화도시'와 '무등산 의재 문화유적지' 조성사업 • 82

'광주 북구·담양 통합' 지역소멸 해법 전제로 논의돼야 • 87

"브로치와 판소리, 보성이 전한 로컬의 품격…
광주문학관엔 없었다" • 92

시로 삶을 마무리한 사람, 김재균을 기억하며 • 97

문화플랫폼 '일곡도서관 2.0'으로 일곡지구 변신 이끌자 • 102

'북구마을자치도시재생센터'를 '북구마을센터'로 부르기로 한 까닭 • 107

보이지 않게 되자 보이는 것들! • 112

북구의 자랑, 주민참여예산제를 대표브랜드 축제로 • 116

'문화관광 꽃피는 광산' 시민력으로 브랜딩하자 • 119

03 시각장애인의 눈으로 다시 본 광주

기념비가 아니라 골목이다 • 126
우물에서 시작된 도시정책, 생활에서 완성되는 생태자치 • 130
연구 없는 지역, 해법 없는 반복 • 137
물을 다스릴 것인가, 도시를 회복시킬 것인가 • 146
혼자 죽는 사회는 우연이 아니다 • 151
시각장애인의 눈으로 다시 본 광주 • 156
도로의 풀을 보면 행정력이 보인다 • 162
걷는 도시의 새 공식: 어르신 속도로 설계하라 • 172
'리빙랩도시' • 181

04 광주문화도시, 사람을 키워야 한다

"광주문화도시, 사람을 키워야 한다" • 190
마트처럼 자주, 미술처럼 오래:
각화동 '창고형 공공 아트마켓'으로 여는 생활예술의 도시 • 194
무등도서관, 북구의 생활문화 거점으로 다시 설계해야 할 시간! • 203
주민자치의 심장, 도서관이 도시를 바꾼다 • 210
우리 동네에 이런 공원 하나쯤 있었으면 • 217
미룰수록 손해다, 말바우 태양광은 지금이 적기다 • 223
청년이 떠나지 않는 북구, 어떻게 만들 것인가 • 227
북구 실버케어시티 • 234
평생교육이 바꾸는 북구의 일상 • 238
'노란병아리 정류장'에서 시작된 생활정치 • 243

05 사소한 일상이 도시의 품격을 결정한다

사소한 일상이 도시의 품격을 결정한다 • 250
정치는 책임 • 254
국민을 열외시키지 마시라 • 257
주민들은 그냥 안다 • 260
'안전속도 5030정책'의 본질 • 263
고위공직자 재산공개의 계절 • 266
탄소중립시대의 사회적 책임 • 269
장성아카데미와 장흥학당 • 272
칵테일파티 효과 • 275
무거워야 가벼워지는 삶 • 278
표절은 오답, 양심은 정답 • 281
한국관광공사의 변신과 광주관광재단의 길! • 284

06 '좀 더 좀 더'의 마음으로 걸어온 35년

꿈과 희망을 그리고, 색에 취하다 • 290
'좀 더 좀 더'의 마음으로 걸어온 35년 • 301
"병원은 어디까지나 병원다워야 한다." • 311
청산도의 붉은 동백을 닮은 소년의 꿈 • 323
박구환, 꽃과 그림자는 한몸이다 • 332
"당신들에게 꽃이불 한 채 덮어드리고 싶다" • 344

07 시인의 상상력으로 도시에 생명력을

[남·별·이] 'N잡러' 설정환 시인
"도전 정신으로 길을 개척하는 '열정남'"(1편) • 34
[남·별·이] 'N잡러' 설정환 시인
"시인의 상상력으로 도시에 생명력 불어넣어"(2편) • 363

일러두기

1장

2025년 1월부터 10월까지, 저는 광주지역 주요 일간지인 무등일보 · 광남일보 · 광주일보 · 남도일보 · 전남매일 · 광주매일 · 전남일보에 칼럼을 기고해 왔다. 제1장은 그 기간에 발표한 칼럼 17편 가운데 11편을 선별해 수록한 장이며, 남은 6편은 제2장에 연이어 실어 독자가 현안 진단과 정책 제안을 한 흐름으로 따라갈 수 있도록 구성했다. 이 장의 글들은 광주와 광주 북구가 직면한 생태 · 문화 · 관광 · 자치 · 교육 · 도시자산의 문제를 중심으로, 재난과 치안 같은 생활 현안까지 확장해 도시의 일상과 구조가 어디에서 흔들리고 있는지 점검한다. 단순한 비판이나 현상 묘사에 그치지 않고, 그 위에서 어떤 방식으로 미래를 설계하고 실행할 것인지까지 글의 끝을 밀어붙이는 방식이 이 장의 특징이다.

특히 제21대 대통령 선거 과정에서 국립주민자치연수원 설립, 국립한국음식테마파크, 국립모빌리티파크 조성사업 등 3건의 공약을 직접 기안했던 경험은, 칼럼의 문제의식과 제안의 '현실성'을 떠받치는 핵심 배경이 된다. 그 가운데서도 국립주민자치연수원의 필요성과 정책적 가치를 기고문을 통해 반복적으로 제기하며 지역사회 공론화를 시도한 글이다. '전남 · 광주특별시(광주특별시)' 통합 논의가 본격화되는 시점에서, 이 연수원이 주민자치권을 실질적으로 강화하는 제도적 플랫폼이 될 수 있을지 묻는 질문은 제1장을 관통하는 중요한 문제의식이다. "도시를 다시 설계한다"는 말이 추상적 구호가 아니라, 구체적인 정책과 실행 전략으로 이어질 수 있음을 보여주는 기록으로서 일독을 권한다.

2장

고창군에서 문화체육관광부 법정문화도시 지정을 이끌었던 경험은, 총사업비 160억 원 확보라는 결과 그 자체보다도 '그 과정을 어떻게 사장시키지 않고 지역소멸과 지역불균형을 극복하는 불쏘시개로 만들 것인가'라는 질문을 남겼다. 제2장은 바로 그 문제의식 위에서, 문화도시조성사업을 일회성 공모사업이 아닌 지역 전략의 틀로 전환하려는 글들을 모았다. 이 장에 수록된 칼럼들은 「지역문화진흥법」 제3조(지역문화진흥의 기본원칙)에 규정된 네 가지 기준 '① 지역 간 문화격차 해소와 지역문화 다양성의 균형 있는 조화, ② 지역주민의 삶의 질 향상 추구, ③ 생활문화 활성화 여건 조성, ④ 지역문화 고유 원형의 우선적 보존'을 토대로 광주와 북구 · 동구 · 광산구의 지역자원을 어떻게 분석하고 활용할 것인지, 그리고 그것을 최종적으로 지역가치 제고의 방향으로 어떻게 '브랜딩'할 것인지를 다룬다.

특히 고(故) 김재균 전 국회의원이 광주 북구에 남긴 영향과 의미를 후배 세대와 지역사회가 어떻게 계승 · 발전시킬 것인지 고민한 「시로 삶을 마무리한 사람, 김재균을 기억하며」는, 왜 북구를 더 깊이 연구하고 더 많이 기여해야 하는가에 대한 저의 성찰적 태도를 담은 글로서 이 장의 결을 선명하게 만든다. 또한 북구청 구정 소식지 『북소리』를 통해 '주민참여예산제'를 대표 브랜드 축제로 키워야 한다고 제안한 글은, 참여 제도를 행정 절차에 머무르게 하지 않고 지역의 정책 의제로 끌어올리고자 하는 욕심인 정책의 '문화화'의 발로이기도 하다. 제2장은 문화정책을 도시 전략으로 확장하는 방법을 모색하는 동시에, 주민 · 행정 · 제도 · 삶이 맞닿는 지점에서 정책을 설계하는 방향을 제시한다.

3장 동네 골목에 있는 작은 빵집 하나가 지역의 문화가 되고 생활경제가 되듯, 정책 역시 주민의 일상 가까이에 있어야 한다는 생각에서 이 장은 출발한다. 광주시민방송(FM 88.9MHz) 생방송 프로그램 「정책굽는 동네빵집, 빵긋빵긋」을 지난해 3월부터 8월까지 진행하며, 손이 자주 가는 빵처럼 생활과 직결된 정책을 소개하고 제안하는 코너를 운영했다. 제3장에는 그 방송 과정에서 던져진 질문들을 글로 확장한 원고들이 묶여 있다.

이 장에서 특히 주목되는 글은 시각장애인 조민지 씨와의 스튜디오 인터뷰를 바탕으로 정리한 「시각장애인의 눈으로 본 광주」다. 유니버설디자인과 무장애 도시 정책이 제도적 선언에 머무르지 않고 실제 생활 현장에서 어떻게 작동하는지를, 이동과 정보 접근, 공공시설 이용이라는 구체적 경험을 통해 점검한다. 정책의 완성도는 계획서가 아니라, 일상에서 체감되는 미세한 불편의 해소 여부로 드러난다는 문제의식을 분명히 한다.

총 20회에 걸친 생방송에서는 아동, 여성친화도시, 1인 가구, 가족정책, 동네도서관, 대통령 공약, 음식관광, 청소년정책, 미술관, 빈집, 특별재난지역, 지역관광, 유니버설디자인 등 다양한 의제가 다뤄졌다. 개별 정책을 나열하는 데서 멈추지 않고, 이를 하나의 도시 전략으로 묶을 수 있는 그릇은 무엇인가라는 질문 끝에 도달한 개념이 '리빙랩 도시'다. 고창군 문화도시 조성사업 경험에서도 확인했듯, 주민 주도의 문제 해결 문화와 지역 연구 역량이 취약할수록 지역은 외부 전문가 의존이라는 반복 구조에 빠지기 쉽다. 제3장은 지역사회 연구의 일상화 · 전문화 · 제도화가 왜 필요한지를 정책 생산 구조의 문제로까지 확장해 제기한다.

4장 이 장에 실린 글들은 정책 이론에서 출발하지 않는다. 오히려 생활 현장에서 마주한 작은 위험과 불편, 그리고 그것을 시를 쓰는 사람의 감각으로 바라본 기록에 가깝다. 전남대 정책대학원에서 사회문화복지정책을 전공했지만, 제4장을 관통하는 서사는 전문 학술서에 기대지 않고 일상의 문제를 정책 언어로 번역하려는 시도에서 비롯된다.

새정치민주연합 '국민예산마켓'에 제안한 '노란 병아리 정류장' 사례는 이 장의 태도를 상징적으로 보여준다. 어린이 통학 안전이라는 생활 문제를 정책 아이디어로 구체화했고, 당시 문재인 대표가 이를 직접 구매하며 공론화로 이어졌다. 이 경험은 문제 제기 그 자체보다, 그것을 제도화할 수 있는 기회와 시간을 얼마나 축적하느냐가 정책의 성패를 좌우한다는 인식을 낳았다.

북구의 무등도서관을 외지인의 시선으로 이용해 보면, 광주의 문화정책과 생활정치가 어떤 방식으로 작동하는지 자연스럽게 체감하게 된다. 이는 도서관만의 문제가 아니다. 우산동 말바우시장의 주차 공간을 정부 정책과 연계해 새로운 활용 모델로 전환하자는 제안 역시 특별한 발상이 아니라, 실행 시점과 구체성의 문제일 뿐이다. "미룰수록 손해다, 말바우 태양광은 지금이 적기다"라는 표현은 정책을 구호가 아니라 실행의 타이밍으로 고착시키려는 의지를 담고 있다.

이 장에서 특히 애정을 갖고 권하고 싶은 글로는 「마트처럼 자주, 미술처럼 오래: 각화동 창고형 공공마켓으로 여는 생활예술도시」, 「북구 실버케어 시티」, 「평생교육이 바꾸는 북구의 일상」을 들 수 있다. 도심공원과 도서관 같은 일상적 공공자산을 문화도시 전략의 핵심 거점으로 전환하려는 문제의식은, 결국 '시설을 늘리는 도시'가 아니라 '사람을 키우는 도시'로 나아가야 한다는 결론으로 수렴된다. 제4장은 정책의 규모보다 방향을 묻는 장이다.

5장

라디오라는 매체는 문장에 '밀도'만 남기고 군더더기를 허락하지 않는다. 저는 광주MBC 라디오칼럼리스트로 마이크 앞에 앉았던 시기(2020년 11월~2021년 6월)가 있었고, 최근에는 폐지되었던 「광주MBC 라디오칼럼」(연출 김두식, 구성 유한아)이 부활하면서 올해 1월 「사소한 일상이 도시의 품격을 결정한다」를 시작으로 광주 · 전남 시도민들과 다시 만나고 있다. 제5장은 시간이 다소 흘렀지만, 당시 라디오칼럼의 주제와 내용이 2026년에도 유효하다고 보고 한곳에 모은 장이다.

「국민을 열외시키지 마시라」, 「주민들은 그냥 안다」 같은 문장은, 고창문화도시센터장으로 2년 활동하며 문화도시 현장에서 주민을 만난 경험 속에서 더 선명해진 태도이기도 하다. 정책의 완성도는 보고서가 아니라 주민의 반응에서 드러난다는 믿음이 이 장의 저변에 깔려 있다. 또한 전남 장성군의 '장성아카데미', 장흥군의 '장흥학당'은 여전히 지역 평생교육의 모델로 연구해야 한다는 생각에 변함이 없다. 전국 지자체가 평생학습도시를 표방하고 다양한 프로그램을 운영하지만, 지역민에게 각인되고 타 지자체가 모델링할 만큼 성장한 사례가 많지 않은 이유를 저는 '프로그램 운영'의 문제가 아니라, 도시의 정체성과 공동체성, 고유성을 기반으로 '도시브랜딩'까지 성장시키고 이를 기록자산으로 축적해 행정력으로 지역상품화에 성공했는가의 문제로 본다. 라디오칼럼 특성상 담지 못한 부분이 많았던 점은 저의 한계이기도 하지만, 이 장이 지자체와 주민의 미래를 견인할 '소프트웨어형 해법'을 연구하는 이들에게 후속 연구의 단초가 되기를 바란다.

6장

지역에서 오래 살아남는 문화는 대개 거창한 시설이 아니라, 누군가의 일상적 선택에서 출발한다. 제6장은 1995년 창간 이후 30년 동안 전라도는 물론 전국 곳곳을 찾아다니며 역사 · 문화재 · 문화예술 등 전통의 맥을 잇는 사람들을 기록해 온 전통문화 전문잡지 『대동문화』(발행인 조상열)에 실린 기획 연재를 중심으로 구성했다. 저는 이 잡지에 '예술을 품은 기업'이라는 기획글을 제안했고, 총 4회에 걸쳐 광주 지역의 기업 · 단체 · 병원 등을 찾아 취재하고 원고를 작성했다. 사업장 곳곳에 예술작품을 걸어두고 경영의 일선에 문화예술이 일상이 되도록 만든 사람들의 기업을 방문해, 경영과 예술의 인연, 작품과의 만남에 얽힌 흥미로운 이야기를 독자들에게 전했다.

연재는 SRB사랑방신문 2013년 7-8월호(『대동문화』 77호, ㈜한국 C&S), 2013년 9-10월호(78호, 에덴병원), 2013년 11-12월호(79호, ㈜국민통신 · 산업 · 레저), 2014년 1-2월호(80호)까지 이어졌다. 이 네 편의 글은 기업과 예술의 만남이 낯설지 않으며, 쉼 없이 이어질 수 있다는 감각을 남긴다. 특히 복도의 빈 자리, 집무실 벽면에 걸린 작품과 그 창작자에 대한 깊은 애정, 인연의 이야기는 기업의 브랜드 이미지와 경영자의 문화적 매력도를 높이는 계기였다고 저는 생각한다. 예술이 공공 영역만의 것이 아니라 민간 공간에서 '생활문화'로 작동할 때, 지역의 문화생태계는 더 넓어질 수 있다는 가능성이 이 장에 담겨 있다.

1

재난은 하늘에서, 해법은 발밑에서

- 광주 북구에 국립주민자치연수원을
- 지방소멸 위기 외면하는 '지방연구원' 설립 기준 폐기하라
- 광주국가정원, 시민참여형 호남 미래정원으로 만들자
- '10년째 제자리' 광주 중부경찰서 조기 건립이 시급하다
- 대학의 문을 열어야 광주의 미래가 열린다
- 무등산 조망권 회복과 광주의 미래, 랜드마크 타워를 제안한다
- 광주, '독서문화민주주의'로 제2의 노벨문학상 이끌자
- 우리 동네에서 예술 작품 빌려볼까?
- 재난은 하늘에서 오지만, 해법은 발밑에서 시작된다
- 광주 북구 평두메습지, 주민자치형 생태습지공동체 모델로
- 광주 기초의회 의원연구모임 10년, 다음을 위한 과제

광주 북구에 국립주민자치연수원을[1]

대한민국 헌법 제1조 2항은 "대한민국의 주권은 국민에게 있고 모든 권력은 국민으로부터 나온다"고 명시하고 있다. 이는 선언적 문구를 넘어 국민의 참여와 자치가 행정과 입법, 그리고 지방자치의 뿌리라는 국가적 원칙을 뜻한다.

그러나 오늘의 현실을 돌아보면 우리는 자문하게 된다. 정작 마을에서 자치를 실현하고 있는 주민과 활동가를 위한 '전문 연수원' 하나 없는 나라에서 주민자치를 어떻게 국가의 가치라 말할 수 있는가?

---

1) 광주일보, 8. 4.

지방자치는 헌법과 지방자치법에 근거한 제도이며 전국 기초지자체에서 시행된 지 이미 30년이 넘었다. 주민자치회와 주민자치위원회, 주민참여예산제, 마을계획단, 생활공론장 등 다양한 실험이 전국 곳곳에서 이루어지고 있다. 그러나 이러한 활동을 체계적으로 뒷받침하는 전문 교육기관은 여전히 전무하다.

공무원은 지방인재개발원에서, 국회의원은 국회연수원에서, 대기업 임직원은 자체 인재개발원에서 전문연수를 받는다. 심지어 새마을운동중앙회도 자체 연수원을 통해 전국 회원을 조직적으로 교육하고 있다. 하지만 주민은 여전히 동 행정복지센터, 도서관, 회의실 등의 공간을 전전하며 '교육다운 교육'조차 보장받지 못한 채 자치를 실험하고 있다.

이제는 국가가 응답해야 한다. 주민자치를 진정 국가적 가치로 인정한다면 주민을 위한 국립 연수원이 반드시 존재해야 한다.

필자는 그 해답으로 광주 북구에 '국립주민자치연수원(가

칭)' 설립을 제안한다. 광주 북구는 그 제안의 가장 적절한 출발점이다. 이곳은 전국 최초로 주민참여예산제를 조례로 제정·시행한 자치의 상징지이며 '아름다운 마을 만들기' 사업 역시 북구에서 시작됐다. 또 도시재생과 공동체 실험이 활발하게 이루어진 사례가 북구에 축적되어 있다.

국립주민자치연수원은 단순한 교육시설이 아니다. 이곳은 연간 10만명 이상이 집합연수를 받을 수 있는 국내 유일의 주민자치 전문기관이자 도시재생·문화자치·민주주의 교육을 아우르는 자치문화 복합 허브가 될 것이다. 총사업비 2000억원 규모로 교육시설, 연구센터, 문화전시공간, 체험장, 숙박시설까지 완비한 복합단지로 조성된다. 꿈꾸는 대로 모두 되는 것은 아니지만 꿈꾸지 않는 일은 절대 일어나지 않는다.

우리는 이제 주민자치 교육의 꿈을 구체적인 공간으로 제안해야 할 시점이다. 입지는 무등산의 경관을 품은 북구 내 '뷰 맛집'으로 조성하여 생태·문화·관광이 융합된 숙박형 교육 플랫폼으로 확장할 수 있다. 인근에는 광주시립미술관, 광주비엔날레관, 국립광주박물관 등이 밀집해 있어 문화교육과 관광이 결합된 자치교육 모델로도 손색이 없다.

또한 이 연수원은 단순한 교육기관을 넘어선다. 주민자치회 위원, 마을활동가, 청년 자치참여자, 주민제안자 등 누구나 정기적이고 체계적으로 정책을 설계하고 실행하는 실전형 연수를 받을 수 있다. 민간 교육기관과 협력해 관 중심이 아닌 주민 주도형 자치교육 시스템을 구현하고 예술 기반 교육, 체험형 프로그램, 맞춤형 커리큘럼이 유기적으로 구성된다. 청소년 민주시민교육, 세계시민교육, 평생교육, 직업교육이 마을교육 전체로 통합되어 운영될 수 있으며 이는 북구의 '28번째 자치동'이라 부를 만큼 독립된 자치공간이자 생활거점으로 작동할 것이다.

나아가 이 연수원은 주민자치기록관과 자치정책 연구소의 기능을 함께 수행하며 주민자치의 역사와 사례를 체계화하는 국가적 플랫폼이자 글로벌 K-자치 모델 수출의 거점으로 기능할 것이다. 전문미술관, 소공연장, 지역 로컬상품 홍보관, 주민운영 문화공간 등은 자치 그 자체를 문화상품화하며 '주민자치'라는 말 자체가 브랜드가 될 수 있는 길을 열 것이다.

지방자치의 완성은 주민자치에 있다. 그리고 주민자치는 전문성과 지속성이 갖춰질 때 비로소 제도로 기능한다. 연수원 하나 없는 체계로는 '참여만 강조하는 자치'의 시대는 끝났다. 이제는 주민자치도 배우고, 훈련받고, 축적하는 시대로 나아가야 한다. 주민자치를 말할 자격이 있다면 주민을 위한 연수원 하나쯤은 있어야 한다. 그 시작을 광주 북구에서 열자.

지방소멸 위기 외면하는 '지방연구원' 설립 기준 폐기하라[2)]

2022년, 지방연구원법이 개정되면서 지방연구원 설립 기준이 인구 100만 이상에서 50만 이상으로 완화되었다. 이에 따라 안양, 안산, 시흥, 성남, 부천, 남양주 등 인구 50만 이상의 도시들이 대도시 자격을 얻으면서 지난해까지 지방연구원을 설립했다. 그러나 지방연구원의 목적과 역할을 봤을 때 오히려 50만 이하의 지방정부에 연구원 설립이 더욱 필요하다는 게 필자의 주장이다. 지방소멸과 같은 심각한 지역 위기를 극복하기 위해서는 각 지역의 특성에 맞는 맞춤형 연구와 정책이 필수적이며, 이를 위해 지방연구원의 설립이 중요한

2) 무등일보, 2025. 1. 17.

전환점이 될 수 있다.

현재 지방연구원은 대부분 광역지자체에 집중되어 있으며, 대도시들은 재정적 여건이나 연구 기반이 충분해 연구원 설립을 뒷받침할 수 있는 상황이다. 그러나 지역 소멸과 불균형 문제로 어려움을 겪고 있는 지방의 많은 소규모 자치단체들은 연구원의 설립이 지역 발전을 위한 중요한 전환점이 될 수 있다. 하지만 현행법에서는 인구 50만 이상의 대도시에 한정된 설립이 가능하기 때문에, 규모가 작은 지방정부들은 기회 자체가 차단되어 있다. 광역지방연구원에서 기초자치단체의 연구를 포괄한다고는 하지만 실질적으로 시군구의 실정에 맞춰진 연구성과를 실적으로 제시할 수 있을까.

지역 불균형과 소멸 문제는 더 이상 인구 수가 적은 지역의 고유한 문제가 아니다. 전국적으로 경제와 사회 구조에 광범위한 영향을 미치고 있으며, 이는 단지 지방의 문제로만 한정될 수 없다. 각 지역마다 고유한 문제와 특성이 존재하므로, 지역 맞춤형 정책과 연구가 필수적이다. 지방연구원은 바로 이러한 맞춤형 정책과 지역 특성에 맞는 연구를 통해 문제를 해결할 수 있는 중요한 기구다.

소규모 지방정부들이 겪고 있는 문제를 해결하려면, 해당 지역의 특성을 반영한 연구와 정책 개발이 중요하다. 지방연구원이 설립되면, 각 지역에 맞는 구체적인 정책 연구가 가능해지고, 이를 통해 지역 경제를 활성화하고 주민들의 삶의 질을 향상시킬 수 있는 다양한 방안이 모색될 수 있다. 예를 들어, 지역의 전통산업을 현대화하는 방안이나, 지역 자원을 활용한 관광 개발 정책 등을 연구할 수 있다. 지방연구원은 이렇게 지역 맞춤형 정책을 제시하고 실행할 수 있는 중요한 역할을 맡게 된다. 지역소멸 해법 찾기에 골몰하는 지방정부에서 지역문제를 연구하는 전문인과 관련 공신력을 갖춘 연구 인프라가 구축된 곳이 있기는 한가.

그렇다면 왜 인구 50만 이하의 지방정부에도 지방연구원이 필요할까? 현재 대도시는 연구원이 설립되기에 적합한 환경을 갖추고 있지만, 중소도시와 농촌 지역은 예산과 인프라가 부족해 연구원 설립이 어려운 상황이다. 그럼에도 불구하고, 지방연구원이 없는 지역에서는 중앙정부의 일률적인 정책만을 적용하게 되어, 지역 특성에 맞는 해결책을 찾기 어려운 경우가 많다. 지방연구원이 설립되면 각 지역은 보다 구체적이고 실효성 있는 정책을 마련할 수 있을 것이다. 또한, 지역 특성에 맞춘 정책은 지역 주민들의 요구와 문제를 직접적으로 해결할 수 있기 때문에, 주민들의 삶의 질 향상에도 큰 도움이 될 것이다.

따라서, 지방연구원 설립을 위해서는 중소도시와 농촌 지역에도 일정한 제도적 지원이 필요하다. 지방연구원의 설립은 단지 정책 연구를 위한 기구 설립에 그치는 것이 아니다. 이는 지역 발전을 위한 중요한 투자이자, 지역 주민들의 미래를 위한 기반이 될 수 있다. 예산문제 등을 이유로 인구 50만 이상의 대도시에 국한하여 지방연구원을 설립하게 하는 것이라면, 지역문화재단 등 지방정부가 출연하는 기관 등의 경우는 왜 인구 5만 명도 안 되는 지자체에까지 설립이 허용되는가에 대해 답이 좀 필요해 보인다.

지방연구원의 설립이 중요한 이유는 단순히 제도적 변화가 아니라, 실제로 지역 발전에 중요한 역할을 하며 지역 문제 해결에 기여할 수 있기 때문이다. 인구 50만 이하의 지방정부에도 지방연구원 설립을 허용하는 법 개정은 지역 소멸과 불균형 문제를 해결할 수 있는 중요한 기회가 될 것이다.

각 지역이 자신의 특성에 맞는 연구를 통해 발전할 수 있는 기회를 제공받는다면, 이는 지방의 미래를 위한 중요한 기폭제가 될 것이다. 인구수에 따른 기준 완화가 아니라 아예 폐기가 마땅하다. 지역소멸을 막기 위해 모든 것을 쏟아 부어야 하지 않는가.

광주국가정원,
시민참여형 호남 미래정원으로 만들자[3)]

대한민국은 지난 10여년간 정원을 단순한 조경 공간이 아닌 도시 브랜드이자 지역 발전의 자산으로 키워왔다. 정원은 이제 공원의 범주를 넘어 도시의 품격과 정체성을 담아내는 무대가 되고 있다.

순천만국가정원은 국제정원박람회를 계기로 국가정원 1호로 지정되며 습지 보전과 생태관광으로 세계적 위상을 얻었고, 태화강국가정원은 도심 하천을 생태의 강으로 되살려 산업도시 울산의 이미지를 바꿨다. 두 곳 모두 생태와 환경을

3) 광주매일, 2025. 10. 1.

기반으로 관광과 문화를 결합해 지역 발전을 이끌었다.

민간 정원도 새로운 실험을 이어가고 있다. 경북 군위의 '사유원'은 건축과 철학, 자연을 결합해 걷는 행위 자체가 성찰이 되도록 설계됐고, 경기도 양평의 '메덩골정원'은 니체의 사상을 모티프로 한 세계 최대 인문학 정원으로 독창성을 보여준다.

이처럼 공공·민간을 막론하고 정원은 단순한 녹지를 넘어 도시와 사회를 반영하는 무대가 되고 있다. 이런 흐름 속에서 지난 4일 국회가 '도시공원 및 녹지 등에 관한 법률 일부개정안'을 통과시키며, 전국 주요 광역지자체들이 제1호 국가도시공원 지정을 목표로 경쟁에 나섰다.

광주시가 중앙근린공원과 풍암호수를 국가정원으로 조성하겠다고 밝힌 것도 이와 맞닿아 있다. 총 280만㎡에 달하는 부지는 기존 국가정원은 물론 사유원·메덩골정원을 뛰어넘는 규모다. 현재 인천, 부산, 대구 역시 소래습지, 낙동강 하구, 두류공원을 중심으로 국가도시공원 지정을 추진 중이다.

광주가 경쟁 도시와 차별화를 이루려면 전략적 접근이 필요하다. 첫째, 관광적 측면에서 순천만은 국제정원박람회와 연계된 생태 콘텐츠로 차별성을 확보했지만, 광주 계획은 음악분수·공연장 등 시설 중심이라 상투적이다. 규모만 강조한다면 관리 부담만 커질 수 있다.

둘째, 문화적 측면에서 사유원과 메덩골정원은 철학과 예술을 통해 브랜드를 확립했다. 광주 역시 민주주의와 예술의 도시지만, 아시아문화중심도시 사업과의 조화를 모색하며 정원의 콘텐츠를 설계해야 한다.

셋째, 생태적 측면에서 태화강과 순천만이 복원을 통해 성과를 거둔 것처럼, 광주도 풍암호 수질 개선과 습지 복원을 병행해야 '생태도시 정원'으로 자리매김할 수 있다. 무엇보다 광주는 주민참여예산제, 마을자치 활동 등 시민 주도의 경험이 풍부하다.

이를 국가정원 운영에 접목한다면 단순히 '구경하는 정원'이 아니라 시민이 직접 가꾸고 프로그램을 만드는 참여형 정원을 실현할 수 있다. 이는 국가정원 정책의 새로운 전형이 될 수 있다. 경제적 효과도 기대된다. 순천만 사례는 정원 관광이 지역경제 활성화의 동력이 될 수 있음을 보여준다.

광주 역시 무등산·광주호·비엔날레 등과 연계한 복합 관광상품을 통해 숙박·음식·교통은 물론, 로컬푸드·청년 창업·문화예술 일자리로 이어질 수 있다. 담양 죽녹원, 곡성 섬진강, 나주 영산강 등과 연계한 광역 관광벨트 구상도 가능하다.

더 나아가 광주·전남은 특별지방자치단체 출범을 준비 중이다. 국가정원은 단일 도시 차원의 사업을 넘어, 광주·전남이 함께 브랜드를 공유할 수 있는 초광역 전략 자산이다.

나주가 추진 중인 영산강 국가정원과 광주가 2021년부터 논의해온 국가정원 구상도 이번 계획에 녹아들어야 한다. 정원은 본질적으로 행정 경계에 갇히지 않으며, 과정과 철학, 그리고 사람을 통해 진정한 가치가 살아난다.

정원에 핀 민들레 홀씨가 산을 넘어 퍼지고 정원 나무의 열매를 먹은 새가 바다를 건너듯이 광주 국가정원은 결코 광주만의 정원일 수 없다. 시민이 함께 가꾸고 호남이 함께 나누는 미래정원으로 자리매김할 때, 광주 국가정원은 국가적 상징 공간으로 빛날 것이다.

크든 작은 시민사회의 논의와 제안들을 씨앗화해야 한다. 사유원과 메덩골정원의 사례가 말해주듯 철학, 사람 그리고 과정에 주목할 때 진정한 가치가 살아난다.

'10년째 제자리' 광주 중부경찰서 조기 건립이 시급하다[4]

2015년 겨울, 필자는 새정치민주연합 정책실장을 마무리하고 권은희 국회의원실 보좌관으로 자리를 옮겼다. 광주 광산구의 현황을 처음 들여다본 그 시절, 가장 먼저 눈에 들어온 것은 거대한 치안의 빈틈이었다.

첨단상업단지와 첨단산업단지가 밀집해 인구가 빠르게 늘어나는 첨단지구가 북구와 광산구 경계에 걸쳐 있었지만, 정작 이 지역은 광산경찰서와 북부경찰서 모두의 사각지대였다. 치안 공백이 불 보듯 뻔했다.

4) 광주매일, 8. 12.

그 무렵 전국적으로 신도시와 대규모 개발지의 치안 수요가 급증하며 경찰서 신설 논의가 잇따랐다. 광주 첨단지구도 후보지에 올랐지만, 우선순위가 보장된 것은 아니었다.

그러던 2016년 5월 신안군에서 발생한 '섬마을 여교사 집단 성폭행 사건'은 전국을 충격에 빠뜨렸는데, 파장은 광산구에도 미쳤다. 당시 북구와 광산구 인구는 광주 전체의 60%에 육박했다. 두 자치구를 북부경찰서와 광산경찰서가 나눠 맡고 있었지만, 이미 과부하 상태였다.

첨단지구와 하남지구, 송정권역까지 치안 수요가 폭증하는 상황에서 경찰서 신설은 선택이 아니라 필수였다.

2016년 1월 필자는 의원실에 합류하자마자 정책개발 순위 첫손에 '첨단경찰서 신설'을 올렸다. 권은희 의원이 경찰 출신이라는 점과 업무 공감대를 십분 살리면 지역 현안을 푸는 데 최적이라고 판단했다. 같은 시기 북구을 최경환 후보 캠프와도 의견을 조율해 각자 경찰서 관련 공약을 내걸었다. 물밑에서의 전략적 협력이었다.

필자는 기획재정부 심의를 통과시키기 위해 광주경찰청과 수차례 자료를 만들고 논리를 다듬었다. 광산구의회에서는 최병식 의원이, 북구의회에서는 이병석·유관운 의원이 각각 건의안을 대표 발의하며 정치적 드라이브를 걸었다. 2016년 9월 광산구의회, 같은 해 11월 북구의회가 잇달아 '첨단경찰서 신설 건의안'을 통과시켰다. 지역 정치권이 힘을 모은 것이다.

그러나 신안군 사건의 후폭풍은 거셌다. 행정안전부는 "한 해 한 곳의 경찰서 신설도 어렵다"는 완곡한 입장을 고수했고, 2016년에는 신안군만 신설이 확정됐다.

첨단경찰서는 결국 우선 검토 대상에 그쳤다. 대신 2017년 김경진·최경환·권은희 의원이 공동으로 경찰 간담회를 열면서 '첨단경찰서'라는 이름이 처음으로 '중부경찰서'로 공론화됐다.

그해 9월 권은희 의원은 2018년 정부 예산에 중부경찰서 설립 사업비를 반영하는 데 성공했다. 하지만 부지 확보가 발목을 잡았다. 첨단3지구 개발 지연이 경찰서 건립에도 직격

탄이 됐다. 당초 2026년 착공·2028년 준공 계획이었으나 현재는 2027년 착공·2029년 준공으로 늦춰졌다. 총사업비 495억원. 그 사이 광산구와 북구의 치안 공백은 여전히 지역민의 몫이었다.

올해 8월 기준 북구와 광산구 인구는 약 81만명, 광주 전체의 57%에 달한다. 그러나 이 광활한 지역을 전담하는 광산경찰서와 북부경찰서의 부담은 한계에 다다랐다. 2022년에야 부지 매입 예산 30억원을 확보했으니 착공까지 걸린 시간만 10년이다.

물론 그동안 시장과 정치권의 노력이 없었던 것은 아니다.

윤장현·이용섭·강기정 시장이 각기 방식으로 사업을 지원했고, 국회 행정안전위원회에서도 여러 차례 논의가 있었다. 하지만 성과는 더뎠다.

올해 22대 국회에서 신정훈 위원장, 양부남 의원이 행안위에 포진한 만큼 이번이야말로 기회를 살려야 한다. 야당 시절과 달리 집권여당이 된 지금, 실질적 성과를 내야 한다.

광산구민과 북구민은 10년 동안 기다릴 만큼 기다렸다.

"국민의 생명과 안전을 지키겠다"는 말은 선거 때마다 들었지만, 그 약속은 여전히 공사현장의 가림막 뒤에 갇혀 있다.

증평경찰서 청사 신축공사가 올해 하반기 조기착공한다는 소식은 우리에게 분명한 메시지를 준다. 예산과 의지가 있으면 속도를 낼 수 있다는 것이다.

중부경찰서 건립은 단순한 지역 개발 사업이 아니다. 시민의 안전을 지키는 국가의 책무이자, 광주 서북권의 지속 가능한 발전을 위한 기본 토대다.

더 늦기 전에 정치권과 행정이 함께 결단해야 한다. 지금이야말로 중부경찰서 조기 건립의 시계추를 당길 때다.

대학의 문을 열어야 광주의 미래가 열린다[5)]

광주에는 세 개의 큰 허파가 있다. 하나는 무등산, 나머지 두 개는 교육과 문화가 숨 쉬는 전남대학교와 조선대학교다. 이 두 대학은 수십 년간 광주의 학문·문화·민주주의를 이끌어온 상징이자 자산이다. 그러나 오늘날 이 두 대학이 지역사회와 함께 숨 쉬고자 하는 노력에도 불구하고 여전히 깊게 연결되지 못했다는 평가가 많다.

이근배 전남대 총장은 취임 100일을 맞아 언론지상에 "대학은 더 이상 내부만을 바라볼 수 없다. 지역과 함께 숨 쉬고, 함께 성장해야 한다"고 밝혔다. 정성택 전 총장도 대학 70주

---

5) 전남일보, 2025.8.12.

년 당시 한 언론인터뷰에서 "청년들이 지방대학을 외면하는 것은 대학만의 위기가 아니라 지역 전체를 가라앉힐 수 있기 때문"이라고 경고했다. 두 총장의 메시지는 대학이 '지역과 공동체적 생태계를 어떻게 구축할 것인가'라는 질문과 맞닿아 있다.

그럼에도 대학과 지역의 단절은 여전하다. '캠퍼스투어'만 봐도 드러난다. 현재 전남대와 조선대의 캠퍼스투어는 사실상 입학 홍보 프로그램이다. 대상은 중·고등학생과 교사, 학부모로 제한되고, 목적 역시 신입생 유치에 맞춰져 있다. 관광객이나 시민, 외국인이 쉽게 참여할 수 있는 개방형 투어가 아니다. 예약과 승인 절차가 필요하고, 주말·방학에는 운영되지 않는 경우가 많다. 고려대에 굿즈샵이 있다면 이곳에는 없다. 학교급식 수준과 차별화된 특화음식도 없다.

더 큰 문제는 관광자원화의 부재다. 세계 유수의 대학들은 이미 캠퍼스투어를 관광상품으로 발전시켰다. 하버드·옥스퍼드·케임브리지는 학생이 직접 가이드가 되어 역사와 문화를 들려주고, 기념품과 다국어 해설로 관광객 경험을 설계한다. 대학은 도시의 대표 관광지가 된다.

광주의 두 대학은 이런 변화와 거리가 멀다. 전남대의 '민주길'은 5·18 정신을 전하지만 과거에 머문다. 조선대의 '장미원'은 경관은 뛰어나지만 정규 관광 콘텐츠로 발전하지 못했다. 현재의 인물과 살아 있는 연구 현장은 보이지 않는다. 필자는 이를 '휴먼캠퍼스투어'의 부재라 부른다. 총장, 교수, 연구원, 대학원생 등은 대학이 가진 가장 중요한 자산이다. 이들과 만나고 연구실·도서관을 둘러 토론과 세미나를 한다면 투어는 단순한 산책이 아닌 지적 여행이 된다. 옥스퍼드와 MIT는 이미 이런 방식으로 외부인을 맞이한다.

대학과 지역의 단절은 광주관광의 빈약함과도 연결된다. 관광업계에서 "광주관광은 없다"는 냉혹한 평가가 나오는 이유다. 그러나 광주에는 여전히 잠재력이 있다. 바로 전남대와 조선대다. 캠퍼스를 어떻게 열고 이야기하느냐에 따라 광주관광의 지형은 달라질 수 있다.

필자는 이런 그림을 제안한다. 전남대 민주길과 조선대 장미원을 518번·419번 대학 종점 버스 노선과 관광의 관점에서 연결하자. 전남대학교 교내까지 진입하는 유일한 마을버스 777번, 조선대학교 교내를 진입하는 419번과 금남57번 버스를 관광형 시티투어로 특화하자. 거기에 세계인의 눈을 사로잡을 역사·문화 스토리텔링을 입혀 '이동형 광주생활박물관'으로 바꾸자. 먼저 시민과 버스를 이용하는 학생들이 어떻게 반응하는지 설문부터 하고 이를 근거로 시범운영해 보는 것도 어려울까. 단순 래핑에 그친 '빛고을아트버스'의 한계를 넘어서는 실험이 될 수 있다.

캠퍼스에서는 학생 가이드와 함께 걷고, 교수·연구자를 만나는 휴먼캠퍼스투어에 관여하는 교수와 참여자에게 예산을 좀 쓰자. 투어 후에는 무등산자연자원과 광주 도심과 국립아시아문화전당, 충장로, 예술의 거리, 학교 인근 맛집 등 다양한 테마와 수요를 반영한 정규 관광상품으로 확장하는 게 지역상생의 실체다. 누구하면 좋을까. 전남대에는 문화전문대학원이라는 전국 최대 규모의 문화·예술·관광 전문인력 양성소도 있다. 예산만 탓할 것이 아니라 준비와 실행 의지부터 증명해야 한다. 광주관광공사, 광주문화재단이 파트너인지 아닌가부터 손을 내밀어보면 어떨까.

대학의 위기는 대학만의 문제가 아니다. 지역이 함께 풀어야 할 과제이며, 대학과 지역이 공생하는 길을 찾는 것은 광주의 미래를 위해 필수다. 대학이 문을 열어야 지역이 들어가고, 지역이 대학에 들어가야 함께 성장한다. 그 접점이 바로 관광이 될 수 있다. 내가 제안하는 캠퍼스투어는 가능성을 보여주는 작은 씨앗이다. 이 씨앗을 잘 가꾸면 광주의 대학은 다시 지역의 중심이 되고, 광주의 관광은 새로운 색을 입게 된다. 그 길 위에 지역대학이 선도적으로 나서주기를 기대한다. 길은 이미 있다.

무등산 조망권 회복과 광주의 미래, 랜드마크 타워를 제안한다[6)]

광주의 상징은 무등산이다. 유네스코 세계지질공원으로 지정된 무등산은 오랜 세월 광주의 자부심이자 정체성이었지만, 오늘날 시민들은 무등산을 제대로 바라보기 어려워졌다. 도시의 고층 아파트와 빽빽한 건물들이 시야를 가리면서 무등산은 점점 멀어져 가고 있다. 이제는 시민과 관광객 누구나 무등산을 온전히 조망할 수 있는 새로운 창, 광주형 랜드마크 타워가 필요하다.

무등산을 활용한 랜드마크형 관광시설에 대한 논의는 이

---

6) 전남일보, 2025. 9. 8.

미 여러 차례 제기된 바 있다. 광주시 공공기관과 시민단체는 무등산 케이블카, 전망타워, 전기버스 도입 등을 검토했고 일부는 환경 훼손 우려로 무산되었지만, 무등산 조망권을 시민 모두에게 되돌려주어야 한다는 문제의식은 꾸준히 이어져 왔다. 이번 제안은 무등산 정상에 건축물을 세우는 방식이 아니라 도심 속에서 무등산을 바라보는 랜드마크형 타워이므로 환경 파괴와 무관하며, 오히려 무등산의 가치를 더 많은 사람들과 공유하는 방식이다.

타워 건립의 첫 번째 의미는 조망권 회복이다. 특정 주거지역만이 독점해온 무등산 전망을 시민과 국내외 관광객 모두가 즐길 수 있도록 개방해야 한다. 두 번째는 프리미엄 관광상품 개발이다. 타워 내부에는 광주와 남도의 미식과 문화를 집약한 콘텐츠를 담을 수 있다. 프리미엄 한식당, 남도 향토음식, 비건 레스토랑은 한국 음식문화의 다양성을 알리는 구심점이 될 수 있고, 음악당과 미술관, 기획 전시공간, 쇼핑몰, 프리미엄 숙소, 카페 등을 포함하면 단순히 보는 관광을 넘어 먹고 즐기고 머무는 체류형 관광으로 발전시킬 수 있다. 세 번째는 경제적 파급 효과다. 도쿄타워가 일본의 상징으로 자리매김했듯, 광주의 랜드마크 타워도 광주의 브랜드 가치를 높이고 지역 상권을 활성화할 것이다. 특히 기아챔피언스필드, 더현대, 신세계와 같은 대형 상업·문화시설과 연계된다면 관광객의 소비 활동이 자연스럽게 이어져 지역 경제 전반에 활력을 불어넣을 수 있다. 야구 관람객이나 쇼핑객이 타워를 방문해 무등산 전망을 즐기고 식사와 문화체험으로 이어지는 복합 관광 동선이 가능하다.

입지 또한 중요하다. 이번 제안은 무등산 산림을 훼손하지 않으면서도 도심과 문화·상업 인프라를 연결하는 위치를 전제로 한다. 아시아문화전당과의 접근성이 뛰어난 도심 축, 광주 북구의 문화인프라 밀집지역은 유력한 후보지다. 더 나아가 기아챔피언스필드, 더현대, 신세계 백화점 등과 연계 가능한 곳이라면 스포츠, 쇼핑, 문화, 관광을 아우르는 복합축이 형성되어 광주 관광의 경쟁력을 크게 높일 수 있다. 이러한 입지는 무등산의 웅장한 풍경과 도시의 야경, 저녁 노을까지 동시에 조망할 수 있는 최적 조건을 제공하고, 철도·공항·고속도로와의 접근성도 용이해 외부 관광객 유치에도 강점을 갖는다.

광주형 랜드마크 타워는 단순한 전망시설이 아니다. 그것은 무등산을 매개로 한 광주의 미래 비전이며, 대한민국 남도의 새로운 얼굴이다. 도쿄타워가 일본의 전후 재건을 상징했듯, 광주의 타워는 민주, 인권, 문화도시의 자산을 세계로 확장하는 상징이 될 것이다. 무엇보다 이 시설은 무등산을 훼손하지 않고 도심 속에서 무등산을 가장 아름답게 바라보는 방식을 선택한다는 점에서 환경 보존과 관광 활성화를 동시에 달성할 수 있다.

광주가 나아갈 길은 분명하다. 무등산을 누구나 즐길 수 있는 열린 조망권의 랜드마크, 기아챔피언스필드와 더현대, 신세계와 같은 대형 인프라와 연계된 체류형 관광 복합시설을 통해 광주는 관광도시로 도약할 수 있다. 무등산은 여전히 광주를 내려다보고 있다. 이제 우리는 그 무등산을 세계인과 함께 바라볼 수 있는 창을 열어야 한다. 광주형 랜드마크 타워 조성이 광주의 허약한 관광시장 전부를 메우지는 못하겠지만, 광주의 최대 자연문화관광자원인 무등산을 활용해 관광자원의 밀도를 높이고, 각각의 문화·관광 인프라를 연계해 새로운 상품을 만들어내는 대안이 될 수 있음은 분명하다.

광주, '독서문화민주주의'로 제2의 노벨문학상 이끌자[7]

2024년 한강 작가의 노벨문학상 수상은 한국 문학의 위상을 세계에 각인시킨 쾌거였다. 한강 작가의 고향인 광주 북구는 이 성과를 통해 지역의 문학적 정체성을 재조명할 기회를 맞이했다. 하지만 현재 광주의 독서문화와 문학적 기반을 보면, 이 성과를 지역사회 발전으로 연결하기 위해서는 더 큰 노력이 필요해 보인다.

2023년 기준, 전국 기초자치단체 226곳 중 약 60.74%인 127곳이 독서진흥조례를 제정했다. 광주 5개 지자체도 대열

7) 남도일보, 2025. 1. 15.

에 합류하고 있다. 하지만 광주의 실상을 조금만 들여다보면 참담한 심정이 든다. '2024 독서진흥에 관한 연차보고서'에 따르면 2023년 독서진흥사업 건수는 광주가 22건으로 전국 최하위를 기록하며 서울(1,188건), 경기(998건), 경남(817건) 등 주요 도시들과 큰 격차를 보였다. 광주의 독서동아리 수도 222개로 여전히 하위권이다. 이는 독서율을 높이고, 지역사회 독서문화를 촉진하기 위한 정책적 개입이 부족했음을 시사한다.

노벨문학상 수상작가를 배출한 광주와 2024 독서진흥에 관한 연차보고서에서 확인된 결과는 한강 작가의 성공이 광주문학계와 문화계의 성과로 직결되지 않는다는 현실을 적나라하게 담고 있다.

문학계를 떠받치는 저변인 독서문화진흥과 관련해서도 갈 길이 멀다. 광주의 문학적 저력을 부각할 기회지만, 출생지라는 이유만을 강조하는 연고주의적 관점만으로는 '노벨문학상작가도시'가 될 수는 없다. 작가 한강을 광주의 작가로 묶어서는 안 된다. 문학관 하나 개관하기까지 18년이나 걸린 도시가 바로 광주다. 지역에서 창작활동을 하는 시인과 소설가의 작품집이 광주에서 얼마나 독자들에게 읽히고 있을까? 이런 형태의 근본적인 질문들에 대해 지역사회와 정치계, 문화계가 답할 수 있어야 한다.

한강 작가의 성공은 5·18을 바탕으로 한 강렬한 창작열과 숨 막히는 작업의 결과다. 광주가 무엇을 했는가 돌아봐야 한다. 한강이 이룬 과실이 과연 광주의 것인가. 지역출판계와 지역문학계, 동구 중심의 인쇄골목을 특화하려는 노력이 한강 작가의 성과로 이어졌다면 좋았겠지만, 현실은 그렇지 않았다. 노벨문학상의 환호가 수그러든 지금, 광주문학과 독서문화를 고찰하고 전환의 계기를 마련할 적기다.

광주는 2024년부터 2028년까지 시행하는 제4차 독서문화진흥 기본계획의 방향성에 맞추어, 지역 독서문화를 새롭게 설계해야 한다. 단순히 노벨문학상의 기쁨에 머무르지 않고, 독서문화진흥을 강화하기 위한 전략적 정책 설계와 지역 독서 생태계 조성을 실질화해야 한다.

필자는 구체적 방안 중 하나로 한강 작가의 성과를 기반으로 주민, 공동체, 전문가, 행정, 기업, 교육계 등이 대거 참여하는 '광주문학민회' 창설을 제안한다. 도서관, 초·중·고등학교 및 대학교, 커뮤니티시설, 박물관, 미술관 등 마을의 문화 기반시설에 관한 주민 의제를 주민자치회나 지역사회보장협의체, 다양한 공동체의 핵심 의제와 사업으로 선정해야 한다. 주민자치력을 기반으로 광주를 '대한민국 대표 문학도시' 브랜드로 만들기 위한 광주광역시주민자치협의회 등이 주도하면 좋을 것이다.

광주는 5개 구 순회방식으로 문학민회를 진행하되, 최종 민회는 시민대축제 성격으로 격상시키는 방안을 고려할 수 있다. 주민들이 내린 정책 제안과 실행 방식에 대해 전문가들이 지원하고, 이를 제도화하며 예산으로 반영하려는 노력은 의회와 행정이 전폭적으로 지원해야 한다. 특히 경제, 산업, 도시, 의료, 상공인, 종교 분야 등 다양한 참여자가 협력하는 거버넌스를 구축하는 것이 중요하다. 이 과정에서 광주발전연구원이 '대한민국 대표 문학도시' 브랜딩 사업을 집중 연구하는 협력적 거버넌스를 형성하면 효과적일 것이다. 지역민이 주도하는 독서문화민주주의를 실험해 보자.

한강 작가의 노벨문학상 수상은 광주가 문학과 독서문화

의 중심지로 도약할 가능성을 열어주었다. 이제 광주는 독서진흥과 문학 정책을 통합하여 대한민국을 대표하는 문학도시로 거듭날 준비를 제대로 해야 한다. 문학적 유산을 보존하고 독서문화를 활성화하는 동시에 지역독서문화진흥과 문학인들의 산실로서의 생태계를 구축할 종합적인 계획을 바로 세워야 한다. 한강 그 이름 하나만으로 노벨문학상의 영예를 독차지해 '문학의 도시 광주'로 그 슬로건을 갖고 싶다면 그 비전을 실현하는 일은 이제 우리의 몫이다.

우리 동네에서 예술 작품 빌려볼까?[8)]

– 광주 동구 미술은행 이야기

미술은 우리 삶을 풍요롭게 하고, 정신적인 풍요를 제공하는 중요한 역할을 한다. 그러나 미술관을 찾는 일이 번거롭거나, 비용이 부담스러울 때가 많다. 이런 문제를 해결하는 제도가 바로 미술은행이다. 미술은행은 예술 작품을 대여하여 사람들이 손쉽게 예술을 접할 수 있도록 돕는다. 광주광역시 동구의 미술은행도 지역 주민들이 일상 속에서 예술을 가까이할 수 있도록 하고 있다.

최근 동구 미술은행은 소장품을 선보이는 '동구동락(東區

8) 무등일보, 2025. 1. 9.

同樂)' 전시회를 미로센터와 무등갤러리에서 열고 있다. 동구 미술은행은 2021년, '광주광역시 동구 미술은행 설치 및 운영에 관한 조례'를 통해 설립되었다. 이 조례는 지역 작가들의 창작 활동을 지원하고, 주민들이 예술을 보다 쉽게 접할 수 있도록 돕는 역할을 한다. 미술은행은 공공기관과 민간에 미술 작품을 대여하는 일을 맡고 있으며, 지역 예술 생태계의 발전과 문화 향유를 목표로 한다.

동구 미술은행은 현재 약 171점의 작품을 소장하고 있으며, 그 중 약 60여 점이 대여 중이다. 주요 작품 장르는 서양화가 87점으로 가장 많고, 그 외에도 한국화, 사진, 조각, 공예 등 다양한 장르의 작품들이 소장되어 있다. 특히, 동구 미술은행은 장애인 미술인들의 작품을 연간 사업비의 3% 범위 내에서 구매하며, 이들의 기회 불균형을 해소하는 데에도 노력하고 있다.

동구 미술은행에서 작품을 대여하는 절차는 매우 간단하다. 동구 미술은행 누리집에서 원하는 작품을 검색하고, 대여 신청서를 작성한 뒤 동구청 문화관광과에 제출하면 된다. 이후 대여가 승인되면 약정을 체결하고, 작품 가격의 0.5%에 해당하는 월 대여료를 납부하면 된다. 대여 기간은 최소 1개월에서 최대 1년까지 가능하며, 문화소외계층, 차상위층, 유공자, 기초생활수급자 등은 대여료가 면제된다.

광주 동구 미술은행은 국내외 미술관 등이 추진하는 대여사업 등과 비교했을 때 규모는 작지만, 지역 사회와의 밀접한 관계를 통해 차별화된 가치를 지닌다. 그러나 현재 미술은행 제도는 몇 가지 과제를 안고 있다. 첫째, 대여 작품의 수량과 다양성이 부족한 점이다. 위로와 치유를 필요로 하는 시대에 미술은행이 갖는 효과를 감안했을 때, 작품 규모와 그 역할을 보다 확장할 필요가 있다. 이를 위해 관련 사업의 목적과 목표를 재설정해야 할 필요성이 있다. 둘째, 대중의 인식 부족으로 미술은행의 활용도가 낮다는 점이다. 특히, 동구에는 2023년에 출범한 광주광역시 동구문화관광재단이 있다. 이 재단은 동구 미술은행의 활성화와 브랜딩을 담당하기에 적합한 기관으로 보인다. 동구 미술은행의 전문성과 지속 가능성, 특수성을 감안할 때, 재단이 미술은행의 운영을 지원하고 발전시키는 역할을 맡으면 더욱 효과적일 것이다. 셋째, 예산과 인력의 부족으로 미술은행의 관리와 홍보가 원활하게 이루어지지 않는 문제도 존재한다. 미술전문 학예연구사를 두지 않고, 특정 시기에 외부 기획자를 통해 운영하는 방식에서는 미술은행의 전시 기획과 작품 구매, 소장 관리에서 전문성을 담보하는 데 한계가 있을 수밖에 없다. 광주광역시 동구문화관광재단의 역할 여부에 따라 이부분도 숨통이 트일 가능성이 있다.

넷째, 현행 '광주광역시 동구 미술은행 운영 조례'만으로는 미술은행 유지 관리의 투명성과 공정성, 체계성을 확보하는 데 어려움이 있어보인다. 이에 대해 광명시가 운영 중인 '광명시 미술작품 구입 및 임차에 관한 조례'를 참고할 필요가 있다. 이 조례에서 제시하는 작품 구입 미술가의 자격과 작품 규격, 구입 절차 및 심의 위원회 구성 등은 동구 미술은행의 안정적인 운영을 위한 중요한 연구 과제가 될 것이다.

마지막으로, 동구 미술은행이 동구 주민과 기관에 국한된 대여 시스템을 가지고 있는 점도 아쉬운 부분이다. 광주 지역의 특성상, 동구는 아시아문화중심도시의 핵심 거점이다. 따라서 동구 미술은행이 광주시민 모두에게 개방되는 '오픈은행'으로 전환된다면, 문화 향유의 불균형을 해소하는 데 큰 역할을 할 수 있을 것이다. 동구에서 거주하는 사람만이 예술을 누리는 것이 아니라, 광주 시민 모두가 동구로 인해서 예술을 향유할 수 있어야 한다.

광주 동구 미술은행은 예술을 일상 속으로 끌어들이는 중요한 매개체로 자리잡고 있다. 그 운영이 지속 가능하고 활성화될 수 있도록 개선하고 확장하는 노력은, 예술이 지역사회에 더욱 깊이 뿌리내릴 수 있는 중요한 전환점이 될 것이다.

재난은 하늘에서 오지만, 해법은 발밑에서 시작된다[9)]

지난 7월 17일, 광주 북구와 광산구는 기록적 폭우에 휩쓸렸다. 시간당 100mm가 넘는 집중호우가 쏟아졌고 하루 누적 강수량은 426.4mm에 달했다. 기상청은 "200년에 한 번 올 폭우"라 했지만, 주민들에게는 위로가 되지 않았다. 도심 곳곳이 물에 잠기며 사망자와 실종자가 발생했고, 수백 명이 대피했다. 재산 피해만 200억 원을 넘겼다. 주민들은 "구름만 껴도 가슴이 철렁 내려앉는다"고 토로했다. 이번 사태는 단순한 기후 문제가 아니라 구조와 시스템의 문제임을 여실히 드러냈다.

---

9) 무등일보, 8. 25.

피해 원인은 분명하다. 서방천 복개는 물길을 가뒀고, 신안철교 교각 여섯 개는 병목을 만들어 흐름을 막았다. 직경 24m의 하수관거는 도심 유출수를 감당하지 못했고, 안전을 위해 설치된 차수벽은 오히려 물을 가둬 마을을 집어삼켰다. 결국 기후가 아니라 구조가 재난을 키운 셈이다. 그러나 행정의 대응은 여전히 대형 저류지 같은 장기 토목 사업에 치우쳐 있다. 완공까지 수년이 걸리는데, 재난은 매년 반복된다.

이런 가운데, 지난 13일 열린 광주광역시의회 긴급토론회에서 주민들의 목소리는 절규였다. "차수벽이 우리 목숨을 잡아먹는다." "교각 밑이 좁아 물살이 막힌다." "모래와 잡목을 치워 달라 수차례 요구했지만 행정은 꿈쩍도 안 했다." 이는 단순한 불평이 아니라 몸으로 겪은 생활 데이터였다. 그러나 행정과 전문가의 답변은 주민의 절절한 마음을 풀어주지 못했다. 일부 주민이 "이런 식의 토론이 왜 필요하냐"며 냉소로 돌아선 이유다.

18일에는 광주 출신 국회의원 8명이 국회에서 '도시홍수 대응 긴급토론회'를 열었다. 의미 있는 움직임이지만, 주민들이 바라는 것은 선언이 아니라 즉각적이고 실효성 있는 대책에 목마를 수밖에 없다.

필자가 이번 폭우에 주목한 것은 현장을 직접 목도했기 때문이다. 재난이 예고된 순간 지역 방송에 긴급 제보를 했고, 이어 방송 토론에 참여해 주민자치 관점에서 대안을 제시했다. 수해 현장과 토론회장 등을 찾으며 내린 결론은 분명하다. 대규모 토목공사만이 답은 아니다. 주민이 피부로 체감할 수 있는 생활밀착형 해법이 병행되어야 한다는 것이다.

골목마다 '수해구명함'을 비치해 모래주머니, 방수포, 구명줄, 소형 보트를 넣고, 상습 침수지역에는 '폭우대응키트'를 지급해야 한다. 이는 단순한 물품 지원이 아니라 시민에게 심리적 안전망이자 자치적 장치다. 주민이 스스로 실천할 수 있는 '재난안전체크리스트'도 필요하다. 비상키트 준비, 배수구 청소, 모래주머니 사전 배치, 취약세대 돌봄, 비상 연락망 공유 등이 그것이다.

동시에 법적 지위를 갖춘 '재난위험극복협의체'가 시급하다. 주민대표와 자치회, 대학과 연구기관, 기상청·소방청·경찰청, 도시공사, 지자체와 정치권, 전문가가 함께 모여 공동

설계·집행·평가를 책임지는 상설기구여야 한다. 피해주민들만의 대책위원회로는 한계가 있다.

단기적으로는 주민이 지목한 위험부터 손봐야 한다. 차수벽을 가동식으로 전환하고, 신안철교 교각을 응급조치해 유로를 확보해야 한다. 마을 곳곳에 레인가든과 빗물통을 보급하는 것도 중요하다. 중장기적으로는 교각을 줄이고, 서방천 폭을 넓히며, 복개하천을 단계적으로 개방하고, 하수관거를 분류식으로 전환해야 한다. 북구청이 발표한 서방천 직선화·교각 재가설 대책도 이런 흐름과 맞닿아 있다.

간과할 수 없는 점은 제도적 공백이다. 북구에는 '폭염 피해 예방 조례'는 있지만, 2020년 홍수 피해 이후에도 폭우 예방 조례는 없다. '기후재난 예방 및 지원 조례'를 서둘러 제정하고, 화재 중심의 안전조례 역시 기후재난으로 확대 개정해야 한다.

얼마 전에 북구청 앞 상가 외벽에 걸린 "반복된 홍수 피해, 쫄딱 망했다!"는 현수막은 단순한 분노가 아니라 삶이 무너진 주민들의 준엄한 경고로 읽혔다. 현수막이 내려졌다고는 하지만 주민들의 불안과 분노까지 사라진 것은 아니다. 잊지 않겠다.

광주 북구 평두메습지, 주민자치형 생태습지공동체 모델로[10)]

필자는 2015년에 대구·경북에서 열린 세계물포럼 시민포럼에서 '바람난 우물·동네처녀, 제주해녀와 함께 춤을'이라는 주제로 지하수자원의 가치와 공동체적 의미를 알리는 전시·공연 프로젝트를 기획했다. 당시 에코미래센터 상임이사로서 직접 총괄코디네이터를 맡았고, 나주 완사천과 광주 북구 석곡동 샘물에 얽힌 지역 설화와 주민 인터뷰, 우물굿, 물동이 체험, 두레박 퍼포먼스 등을 통해 천연수자원에 대한 사회적 인식을 되살리는 일에 집중했다.

10) 남도일보, 2025. 8. 7.

그 프로젝트의 핵심은 하나였다. '도시화·산업화로 인해 버려진 동네 우물과 샘의 가치 회복을 세계 환경운동가들과 공유하고, 인류가 오래도록 유지해온 생명의 순환 고리를 다시 연결해야 한다'는 문제의식을 국제사회에 던진 것이다.

이러한 활동은 단순한 환경운동을 넘어서 생태와 지역공동체의 관계를 질문하는 문화적 실천이었다. 특히 광주 북구 석곡동과의 인연은 그 후 지역에서 마을자치를 기반으로 한 지역생태자원 관련 생태 정책을 구상하고 실행하는 데 있어 뿌리와 같은 역할로 이어졌다.

이런 가운데 2024년 5월, 광주 북구 화암동의 평두메습지가 국내 26번째 람사르습지로 공식 등록되었는다는 소식은 가슴을 뛰게 했다. 평두메습지의 람사르 등록은 2015년부터 오랜 시민사회의 요구와 정책 참여의 결과다.

광주 북구는 국내 최초로 주민참여예산제를 도입하고, 아름다운마을만들기사업의 대표적 선도도시에 한국의 마을만들기 자치사에 그 이름을 남기며 자치 역량을 전국적으로 증명해왔다. 이제는 이러한 경험을 기반으로 생태자산까지 포괄하는 새로운 도시 모델, 즉 '람사르습지도시 광주'로의 도약을 모색하고 있다.

이를 위해 우리보다 앞서 람사르습지도시로 지정된 국내 7개 도시의 사례는 좋은 참고가 된다. 경남 창녕군은 우포늪을 중심으로 생태관광과 주민참여 프로그램을 결합했고, 강원 인제군은 대암산 용늪을 보호하며 교육연계형 습지보전사업을 추진하고 있다. 순천시는 순천만갯벌과 국가정원을 통합한 생태·관광 융합 모델을 성공시켰고, 제주시와 서귀포시는 곶자왈과 오름 습지를 기반으로 주민 거버넌스를 활성화하고 있다. 전북 고창군과 충남 서천군도 각각 운곡습지와 서천갯벌을 중심으로 생태문화 축제, 주민연구회를 운영하고 있다.

이들 도시의 공통점은 '지역공동체가 주도한 생태 거버넌스'에 있다. 행정 주도에서 벗어나 주민이 정책의 주체로 참여하고, 이를 문화와 관광, 교육으로 연계함으로써 지속가능한 생태자산 관리의 본보기가 되고 있다.

광주 역시 이런 모델을 넘어서기 위해선 차별화된 전략이 필요하다. 첫째, 습지를 생태자산에 머물게 하지 않고 광의의 '지역자산'으로 재정의해야 한다. 생태는 환경 부서의 과제가 아니라 도시 전 부서가 함께 협력해야 할 핵심 자산이다. 도시브랜드, 교육, 예술, 관광 등 모든 분야와 유기적으로 연계되어야 한다.

둘째, 문화예술계와의 협력을 통해 습지를 창작의 장으로 만들어야 한다. 광주비엔날레재단, 국립아시아문화전당, 국립광주박물관, 시립미술관, 광주문학관 등 주요 문화기관이 습지를 주제로 한 예술 창작과 문화산업적 관점에서의 생산적인 프로젝트 등에 주목할 필요가 있다.

셋째, 생태교육은 일회성 체험이 아니라 도시 교육의 중요한 축으로 자리 잡아야 한다. 광주문화재단, 광주관광공사와 함께 '습지학교', '생태큐레이터 양성', '습지유람 프로그램' 등 고품격 생태관광형 교육 상품이 기획되어야 한다. 이는 아이들뿐 아니라 도시 전체의 생태 감수성을 높이는 계기가 될 것이다.

무엇보다 핵심은 주민이다. 광주에는 일명 '습지자치회'를 공식화하고, 이와 연계된 '주민연구모임'도 필수적이다. 습지를 중심으로 하는 도시정책은 단지 보전의 문제가 아니다. 도시의 철학과 품격, 그리고 공동체의 역량을 드러내는 방식이다. 생태는 환경의 문제가 아니라 삶의 방식이며, 지속가능성은 미래 세대에 대한 의무이자 지역공동체의 약속이다. 광주는 지금 그 출발선에 있다.

광주 기초의회 의원연구모임 10년, 다음을 위한 과제[11)]

광주광역시 기초의회가 '의원연구모임' 제도를 도입한 지도 어느덧 10년이 넘었다. 지난 2014년 광산구의회가 가장 먼저 관련 조례를 제정한 이후, 2015년에는 서구와 남구가, 2020년 북구, 2021년 동구까지 모든 구의회가 제도를 도입하고 의원연구모임을 운영 중이다.

의원연구모임의 가장 큰 성과는 제도화 그 자체다. 의원들의 정책연구는 단순한 공부를 넘어 지역사회 문제를 고민하고 대안을 설계하는 정책개발의 첫걸음이다. 또 하나 주목할

---

11) 전남일보, 2025.7.3.

점은 각 구의회가 연구모임 결과물을 홈페이지를 통해 공개하고 있다는 사실이다. 이는 첫째, 주민의 알 권리를 보장하고, 둘째, 연구성과의 축적과 공유를 가능하게 하며, 셋째, 의정활동의 투명성을 담보한다는 점에서 의미가 깊다.

각 구의회의 공개 수준과 형식은 조금씩 다르지만, 이를 통해 의원연구모임 제도가 점차 내실을 갖추어가고 있음을 확인할 수 있다. 특히 광주 동구의회는 홈페이지 메인화면에 의원연구모임 활동사진을 전면에 배치함으로써 연구활동의 상징성과 의회의 전략적 의지를 강조하는 데 성공했다. 이는 의정활동의 브랜딩 측면에서 인상적인 사례라 할 수 있다. 다만, 조례 제정 시기가 2021년으로 가장 늦은 편이고, 연구결과물의 질과 양에서는 아직 시민들의 기대에 다소 미치지 못하고 있다는 점이 아쉽다.

광산구의회는 2014년 제도화를 가장 먼저 도입한 선도자다. 의정활동을 본회의, 위원회, 정책연구활동 등으로 구분해 홈페이지에 배치하는 등 시민 접근성 측면에서는 돋보이는 구조를 갖추고 있다. 현재 5개의 연구모임이 활동 중임을 공개하고 있으며, 의원연구모임의 수와 다양성에서 강점을 보인다. 그러나 최근 성과물의 공개가 미흡하고, 특히 2023년 이전의 자료는 아예 접근이 불가능하다는 점에서 제도화의 취지가 무색해지고 있다.

서구의회는 2023년 연구활동 결과보고서를 형식과 내용 면에서 잘 정리해 공개하고 있다. 실질적인 자료 수준에서도 주민들이 쉽게 이해할 수 있는 구조를 갖추고 있어, 타 구의회에 비교 우위를 가진다. 남구의회는 홈페이지 공지사항을 통해 일부 연도의 연구성과를 공개하고 있지만, 그 연속성과 접근성 면에서는 여전히 보완이 필요하다.

북구의회는 단연 가장 안정적인 운영을 보이는 의회다. 2023년과 2024년 활동 결과보고서 모두 홈페이지에 공개되어 있으며, 연구 활동의 내용뿐 아니라 예산 집행 내역까지 상세하게 포함하고 있다. 특히 보고서의 구조화된 정리 수준은 타 구의회 의원연구모임의 모범이라 할 만하다. 연구회의 다양성, 주제의 시의성, 결과물의 완성도 등 모든 면에서 주민의 신뢰를 이끌어낼 수 있는 수준에 도달해 있다. 이처럼 각 구의회는 나름의 방식으로 의원연구모임을 운영하고 성과를 내고 있다.

그러나 이제는 성과를 넘어, 다음 단계로 나아갈 시점이다. 가장 먼저 고민해야 할 과제는 연구 방법론의 체계화다. 일부 연구모임이 단순한 간담회나 세미나 수준에 머무르고 있는 현실은 본래 제도 도입 취지와는 다소 거리가 있다. 실제 정책 설계와 분석, 입법 대안 제시까지 이어지는 보다 체계적인 연구 역량이 필요하다.

또한, 공개된 연구성과물들이 구의회 차원에서 통합적으로 관리되지 않고, 연도별로 흩어져 누적되지 않는 점은 큰 문제다. 매년 공들여 생산된 결과물이 다음 해 의정활동에 반영되지 못한 채 사장되는 경우가 허다하다. 이는 의원 개인의 성실성이나 관심만으로는 극복하기 어려운 구조적인 문제이기도 하다.

무엇보다 중요한 과제는 협력의 체계화다. 현재 각 구의회 의원연구모임은 개별적으로 활동하고 있으며, 타 구의회 혹은 광역의회와의 공동연구는 전무한 상황이다. 이제는 의회 간 연계 연구나, 광주시 차원의 통합 연구 플랫폼 마련도 고려할 시점이다. 연구의 질을 높이고 예산의 효율성을 확보하기 위해서라도 협업 체계 구축은 필수적인 과제다.

정책은 사람을 바꾸고, 사람은 지역을 바꾼다. 의원연구모임은 결국 지역사회를 변화시키기 위한 의회의 집단적 성찰과 실천의 장이다. 광주 5개 구의회가 지금까지 축적해온 제도적 성과를 바탕으로, 이제는 서로 배우고 협력하며 한 걸음 더 나아가기를 기대한다. 연구가 정책으로, 정책이 변화로 이어지는 그 과정에서 지방의회의 미래는 더욱 단단해질 것이다.

2

보이지 않게 되자 보이는 것들

- ‘대한민국 문화도시’와 ‘무등산 의재 문화유적지’ 조성사업
- ‘광주 북구 · 담양 통합’ 지역소멸 해법 전제로 논의돼야
- “브로치와 판소리, 보성이 전한 로컬의 품격…
- 광주문학관엔 없었다”
- 시로 삶을 마무리한 사람, 김재균을 기억하며
- 문화플랫폼 ‘일곡도서관 2.0’으로 일곡지구 변신 이끌자
- ‘북구마을자치도시재생센터’를 ‘북구마을센터’로 부르기로 한 까닭
- 보이지 않게 되자 보이는 것들!
- 북구의 자랑, 주민참여예산제를 대표브랜드 축제로
- ‘문화관광 꽃피는 광산’ 시민력으로 브랜딩하자

‘대한민국 문화도시’와 ‘무등산 의재 문화유적지’ 조성사업[12)]

문화체육관광부가 지정하는 ‘대한민국 문화도시’가 최종 선정됐다. 13개 도시다. 선정 지역은 강원 속초시, 부산 수영구, 대구 수성구, 경기 안성시, 경남 통영시, 전남 순천시, 전북 전주시, 경남 진주시, 경북 안동시, 전남 진도군, 충북 충주시, 세종시, 충남 홍성군이다. 선정된 지자체는 향후 2025년부터 3년간 지역별 200억원을 투입하게 된다. 이보다 앞서 문화체육관광부에서는 대한민국 문화도시 지정 이전에 2020년부터 제1차 법정문화도시에 지정된 강원도 원주시를 비롯해 총 24개 지자체가 법정문화도시 지정에 문화도시조

12) 광남일보, 2025. 1. 7.

성사업을 추진 중에 있다. 고창문화도시센터장으로서 전북 고창군을 제4차 법정문화도시(2023년~2027년) 지정을 이끌었던 일원으로서 13개 지자체에 아낌없는 박수를 보낸다.

문화체육관광부가 막대한 예산을 투입해 조성하고자 하는 문화도시란 무엇일까. '문화도시'란 2014년에 제정된 지역문화진흥법 제2조에 "문화예술、문화산업、관광、전통、역사、영상 등 지역별 특색 있는 문화자원을 효과적으로 활용하여 문화 창조력을 강화할 수 있도록 제15조에 따라 지정된 도시를 말한다"고 정의하고 있다. 지역문화진흥법은 '지역문화진흥에 필요한 사항을 정하여 지역 간의 문화격차를 해소하고 지역별로 특색 있는 고유의 문화를 발전시킴으로써 지역주민의 삶의 질을 향상시키고 문화국가를 실현하는 것을 목적'으로 제정되었다. 이에 따라 문화도시에 지정된 지자체들은 지역의 불균형과 한계를 극복하는데 문화로 도시 문제를 해결하는데 역점을 두고 사업을 추진하고 있다.

그럼에도 '대한민국 문화도시'든, 광주의 '아시아문화중심도시'든 시민들이 체감하기까지는 해결해야 할 과제가 적지 않은 게 현실이다. 법과 현실이 다르고, 목표를 이루는 시민력도 다르기 때문이다. 지자체가 추진하는 대규모 예산이 들어가는 문화사업들이 압도적인 시민들의 역량이 요구됨에도 시민의 역할과 그 범위가 어디까지인지 모호해서 문화도시 조성사업 조차도 문화인들만을 위한 사업으로 치부되기 일쑤다. 필자가 지역문화진흥법이 규정한 문화도시 정의에 주목하는 이유는 현장에서 제기되는 시민들의 이 같은 냉소와 오해를 불식하기 위한 방편이라서다. 지역문화진흥법에 정한 문화도시 정의 가운데 시민들은 '지역별 특색 있는 문화자원을 효과적으로 활용'하여 라는 대목과 '문화 창조력을 강화' 해야 한다는 구절에 주목할 필요가 있다.

문화도시 지정을 받기 위해 현장을 뛰면서 목도한 몇 가지 현상들이 있다. 첫째 주민들 스스로 지역의 특색 있는 문화자원을 제대로 모른다는 점, 둘째 문화자원을 연결하려는 기회가 많지 않는다는 점, 셋째 주민이 관여하는 문화자원 조사와 연구가 과소하다는 점, 넷째, 문화자원의 범주를 작게 규정함으로써 유무형의 문화자원을 스스로 배제한다는 점, 다섯째 문화자원 활용을 위한 지역생태계가 지역민 주도로 구축되지 않는다는 점이다. 결국 문화도시 정의에 규정한 '문화창조력'이 길러지는 데까지 시민은 나아가지 못하고 만다.

이뿐인가? 문화도시를 만들기 위해서는 겪어야할 난관도 많다. 어려움을 극복하기 위해 원칙을 놓쳐서는 안 된다. 지역문화진흥법이 규정한 지역문화진흥의 기본원칙인 '지역 간의 문화격차 해소와 지역문화 다양성의 균형 있는 조화, 지역주민의 삶의 질 향상 추구, 생활문화가 활성화될 수 있는 여건 조성, 지역문화의 고유한 원형의 우선적 보존' 등의 4가지 원칙을 곱씹어 봐야한다. 다른 데서 길을 찾으면 문화도시가 길을 잃는다.

필자가 '대한민국 문화도시'를 살펴 본 이유는 광주에서도 '대한민국 문화도시' 지정을 뛰어넘는 올해부터 2027년까지 3년간 280억원이 투입되는 '예술접목 야행관광 공간연출사업'이 준비되고 있어서다. 무등산 의재 문화유적지와 춘설차밭을 복원, 정비하는 사업으로 체류형 관광 활성화를 전면에 내세우고 현재 사업설계를 구체화하고 있는 것으로 알려져 있다. 무엇보다 이 사업이 광주광역시 동구와 무등산 의재미술관을 중심으로 국한되어 전개되는 것을 경계해야 한다. 무등산 의재 문화유적지 등이 동구 관광의 한축으로만 남아서는 안 된다. 적어도 앞서 거론한 '대한민국 문화도시' 들이 추진하는 사업들과 상호 경쟁하고, 이들 지자체의 사업방식과 전략을 면밀하게 살펴보면 어떨까. 광주다움을 위해 '대한민국 문화도시'에 눈감으면 안 된다.

'광주 북구·담양 통합'
지역소멸 해법 전제로 논의돼야[13)]

광주시 인구가 140만8422명으로 140만명 선이 위태로운 현실에 직면해 있다. 이런 가운데 지역 일각에서 광주 북구와 담양군 통합 논의가 있어 관심을 끈다. 담양광주통합북구발전포럼(이하 담양광주북구포럼)이 최근 지역 문제 해결을 기치로 통합 의제를 내세우며 군불을 지피면서다.

인구 약 4만6000명의 담양군과 42만여명의 광주 북구의 행정통합 논의는 최근 127년 동안 경상북도의 일부였던 군위군이 지난해 7월부터 대구시에 편입된 사례도 영향을 미쳤을

13) 전남일보, 2025.1.14.

것으로 보인다. 대구시는 군위군과의 통합으로 7개 구·2개 군으로 구역이 확대되었고, 면적은 전국 특·광역시 중 서울 면적의 2.5배인 1499㎢로 몸집을 불렸다. 인구는 군위군의 2만3000여 명을 합해 238만7000명으로 증가했다. 대구시 예산 규모도 15조4463억원에서 15조8468억원으로 4005억원 증액되는 실질적 효과도 있는 것으로 알려져 있다.

그러나 최근 광주 북구와 담양군 통합 논의는 내년 6월 지방자치단체 선거를 앞둔 상황에서 그 논의 의도와는 별개로 정치적으로 해석될 여지가 많아 보인다. 어떤 면에서는 담양군민과 광주시민들에게도 얼마나 절실한 현안인지도 아직 의문이다. 지난해 말 '담양광주북구포럼' 토론회에서 광주·담양 통합추진위원장은 "4만5000여명의 담양 군민 중 1만7200여명이 통합 찬성 서명을 받았다"고 밝힌 바 있다. 통합 논의의 진전 정도와는 무관하게 담양군민들이 '지역소멸' 문제를 해결하려고 상당히 적극적인 행보에 나선 것으로 풀이된다.

하지만 담양과 광주 북구의 통합만으로는 인구 50만의 대도시가 될 수 없다. 최소한 인구 50만 이상의 시에도 지방연구원을 둘 수 있도록 '지방자치단체출연 연구원의 설립 및 운영에 관한 법률(이하 지방연구원법)'에 의거 설립 기준이 완화됐지만 정작 담양, 광주 북구는 통합된다고 하더라도 그 허들을 넘을 수 없는 조건이다. 장성군 인구 4만 2000여명, 담양군 인구 4만4600여명을 더해 42만3900여명인 광주 북구 등 3개 지자체가 통합을 가정한다고 해도 51만명을 겨우 웃도는 수준이다. 인구 50만명이 대도시를 만들어 대도시 특례를 누릴 자격을 갖춰 도시경쟁력을 높이겠다는 목표 없이 지자체간 통합이 '지역소멸 해법의 선'인 것처럼 논의가 흐르는 것은 경계해야 할 것이다.

2022년 지방연구원법 개정에 따라 지방연구원 설립 기준이 완화되면서 김해, 남양주, 부천, 성남, 시흥, 안산, 안양, 전주, 청주, 화성시 등이 발 빠르게 지역문제 해결을 위한 싱크탱크 설립을 완료했다. 호남에는 2023년에 인구 규모가 63만5600여명인 전주시가 전주시정연구원이 첫발을 뗀 것을 포함해 현재 광주연구원, 전남연구원, 전북연구원이 있다. 이 시점에 광주 북구를 중심으로 통합을 논의한다고 봤을 때 호남권 지자체 가운데 지방연구원 설립 기준을 충족할 수 있는 조건에 가장 근접하게 될 지자체는 그나마 광주 북구가 유일하다. 기왕에 통합논의를 한다면 인구 50만명 대도시를 형성할 방안을 찾는 방향으로 논의가 진전돼야 할 것이다.

하지만 지금 일각에서 일고 있는 광주와 담양만의 통합은 엄밀히 광주 북구를 통합하는 식의 소통합일 가능성이 커 보인다. 인구 50만명 대도시를 통한 도시 변화를 꾀한다는 관점에서 본다면 광주와 담양의 통합은 소지역주의적인 면이 있다. 이 같은 논의는 광주 북구와 광주 동구의 통합 논의가 갖는 파괴력과는 비교도 되지 않는 수준이다. 광주를 둘러싼 장성, 함평, 화순, 담양, 나주시 등과의 대통합도 한 테이블 위에 초기단계부터 꺼내놓아야 하는 것이 아닐까. 30개가 넘는 지방연구원을 갖고 있는 도시와 경쟁력을 갖추고 어깨를 나란히 하는 동시에 지역맞춤형 전략으로 지역소멸 위기를 돌파하는 쇄빙선을 출항하는 방식으로 통합 논의가 전개돼야 하는 이유다.

지난해 말로 지방정부 예산심의가 종결됐다. 지역소멸과 인구감소, 청년 인구 등이 유출 되는 문제를 풀기 위한 전담조직과 인력운영 등을 포괄하는 관련 예산을 어느 정도나 편성했나를 함께 봐야 한다. 진짜로 통합이 살 길인지, 지역소멸을 극복에 사활을 걸었는지 지자체장의 입을 볼 게 아니라 예산을 보고 판단해야 한다. 자칫 소모적인 정치적 논의 정도로 지자체간 통합논의가 흐른다면 이것이 더 큰 위기다.

"브로치와 판소리, 보성이 전한 로컬의 품격…광주문학관엔 없었다"[14]

한여름 무더위가 기승을 부리던 7월 5일, 나는 보성군 득량면 강골마을 이진래 고택을 찾았다. 2025년 국가유산청 고택 종가집 활용사업의 일환이었다. 광주에서 함께 간 일행은 시각장애인들이었다. 땀이 흐르고 그늘이 아쉬운 날씨 탓에, 실외 중심 일정은 일부 변경되었고 실내 프로그램이 가능한 태백산맥문학관으로 발길을 돌렸다.

문학을 전공하고 시를 써온 나에게 문학관은 낯설지 않은 공간이다. 그러나 이날의 방문은 특별했다. 문학관의 규모나

14) 전남매일, 2025. 7. 29.

전시 내용 때문이 아니었다. 문화관광해설사 한명순님, 바로 그 사람 때문이었다.

그는 시각장애인을 배려해 설명을 시작할 때마다 분명하고 또렷한 목소리로 안내했고, 이동할 때는 스스럼없이 활동보조인 역할까지 맡았다. 설명보다 더 인상 깊었던 것은 그의 가슴에 달린 작은 브로치였다. 활짝 핀 하얀 보성녹차꽃과 그 아래 두 장의 녹차잎. 크지도 화려하지도 않았지만, 그 브로치는 보성이 '녹차의 고장'임을 말보다 강렬하게 증명하고 있었다. 말하자면, 지역의 정체성이 고스란히 녹아든 상징물이었다.

관광이란 결국 기억의 예술이다. 브로치 하나에서 '보성'이라는 지역의 이미지가 또렷하게 각인된 순간, 나는 로컬브랜딩이 결코 거창한 슬로건이나 억지스러운 조형물이 아니라는 걸 다시금 확인했다.

해설사 한명순님의 감동은 여기서 그치지 않았다. 시각장애인들이 관광버스에 오를 때, 그는 이들의 손과 팔을 일일이 부축하며 판소리 춘향가 중'쑥대머리'를 부른 뒤 인사를 건넸다. 그것은 설명을 넘어, 지역 문화예술이 일상이 된 나아가 진심으로 지역을 사랑하는 사람만이 보여줄 수 있는 태도였다. 정서적 환대. 지역 문화예술이 그의 삶 속에서 자연스럽게 스며 있다는 걸 느낄 수 있었다. 그날의 보성 체험은 관광지가 아닌, 사람 한 명을 통해 기억될 특별한 여정이 되었다.

그로부터 정확히 일주일 뒤, 나는 광주 북구 문화동에서 열린 '쉬엄쉬엄 걷기' 182-1회 프로그램의 총괄기획자로 광주문학관을 다시 찾았다. 그러나 이곳에서 만난 해설사는 기대와는 전혀 달랐다. 관람객을 마주하기보다는 준비된 원고를 낭독하는데 집중했고, 질문에는 머뭇거렸다. 문화도시 광주의 이름을 걸고 운영되는 문학관에서, 감동도, 몰입도, 살아 있는 문학도 그곳엔 없었다.

2007년, 나는 광주전남민족문학작가회의 사무처장으로 일하면서 오월문학관 폐관 위기에 대응해 김준태 시인 등을 초청, 기자간담회를 열고 지역 문학자산의 가치를 호소한 바 있다. 오월문학관은 5·18 관련 육필원고와 편지를 소장한 공간으로, 당시에도 인지도는 낮고 운영은 미비했지만, '광주의 문학'이 살아 있는 공간으로 재탄생시켜야 한다는 요구가 높았다.

하지만 그로부터 시간이 흐른 지금, 오월문학관은 완전히 사라졌다. 2023년, 오랜 논의 끝에 문화동에 광주문학관이 개관했지만, 과거 오월문학관이 담고 있던 지역문학운동의 흔적은 어디에서도 찾을 수 없다. 북구청은 오월문학관을 앞장서 개관한 지자체였지만, 이제는 그 상징적 지위마저 광주광역시에 넘어갔다.

2025년은 광주방문의 해다. 이런 상황에서 광주시민들조차 잘 모르는 곳, 여기에 접근성까지 떨어지는 광주문학관을 관광객들이 일부러 찾아올 이유가 있을까? 설령 방문하더라도, 기억에 남을 만한 감동을 받고 돌아갈 수 있을까? '쉬엄쉬엄 걷기'에 참여한 시민정책패널들은 소중한 사람들을 초청해 과연 이곳에 다시 올 수 있을까?

문학관의 가치란 전시물의 개수가 아니라, 그곳에서 '사람과 문학'이 어떻게 만나는지에 달려 있다. 문학은 활자로 존재하는 것이 아니라, 목소리로, 감정으로, 삶의 언어로 울려퍼질 때 진짜 힘을 갖는다. 통일의 염원을 담은 시 '직녀에게'

로 유명한 문병란 시인(1935~2015)의 시에 지역 최초 녹음실을 설립 운영한 민중가수이자 작곡가인 박문옥이 곡을 붙인 "이별이 너무 길다/ 슬픔이 너무 길다"로 시작하는 '직녀에게' 같은 '시노래' 한 곡, 시낭송 한 편을 들려주는 한 장면만으로도 광주는 특별해질 수 있다.

지금 우리에게 필요한 건 문학관이라는 '공간'보다 그 안을 채우는 '사람'이고, 시설보다 기억에 남을 '태도'다. 보성에서는 그것을 만났다. 작은 브로치 하나, 판소리 한 자락, 그리고 사람 한 명이 만들어낸 감동. 광주문학관이 놓치고 있는 것은 바로 그 감동이다.

시로 삶을 마무리한 사람, 김재균을 기억하며[15]

시인이자 화가였던 김재균 전 국회의원이 우리 곁을 떠난 지도 어느덧 만 10년이 되었다. 필자는 그의 국회의원 재임 시절 비서, 비서관, 보좌관으로 함께 일했으며, 그와의 깊은 인연은 필자가 광주전남작가회의 사무처장으로 활동하던 시절부터 본격적으로 시작되었다. 그는 '문화북구'라는 슬로건 아래, 지역 문화예술인들과 스스럼없이 어깨를 나란히 하는 정치인이자 진정한 문화인이었다.

그는 2001년, 35년간 써온 시를 모아 첫 시집 '달빛 아래 찔레꽃'을 펴냈다. 당시 시에 대해 아무런 안목도 없던 필자

15) 광남일보, 2025. 7. 31.

에게 정성스럽게 출력한 시 몇 편을 건네며 "한 번 읽어 봐 주게" 하던 2007년 겨울의 첫 만남이 지금도 생생하다. 담담한 미소와 함께 시를 내밀던 그의 손길은 여전히 따뜻하게 기억 속에 남아 있다.

무엇보다 잊지 못할 기억이 있다. 정확히 10년 전, 세상을 떠나기 며칠 전 그는 병실로 나를 불렀다. 조용한 목소리로 "이번이 마지막이 될 것 같네"라고 말했다. 그리고 "조문 오시는 분들께 시집 한 권씩 선물하고 싶네"라며 유언 같은 부탁을 전했다. 이미 두 번째 시집 '장수풍뎅이를 만나다'를 낸 그는, 세 번째이자 마지막 시집 '무등을 그리며'의 원고를 내게 맡겼다. 그 유고 시집은 불과 일주일 만에 편집과 인쇄를 마쳐, 문상객들의 손에 그의 마지막 인사로 전해졌다. 필자에게도 처음 경험하는 방식의 이별이었다. 그는 마지막 순간까지 시로 삶을 정리했고, 문화는 구호가 아니라 살아내는 일이라는 것을 삶 전체로 보여주었다.

김재균 전 의원은 문화인으로서 뿐만 아니라, 정치인으로서도 북구청장 재임 시절 선명한 족적을 남겼다. 2003년 전국 최초로 주민참여예산제를 도입했고, 이듬해 이를 제도화하는 조례를 제정했다. 같은 해 '아름다운 마을 만들기 조례'를 제정해 주민자치 정책을 제도적으로 선도하기도 했다.

이와 달리, 문화정책의 정수는 2000년 9월 개관한 '일곡도서관'에 담겨 있다. 아파트 단지가 밀집한 지역에 건립된 광주 최초의 생활권 공공도서관이자, 미술작품 전시가 가능한 갤러리를 함께 구성한 복합문화공간으로서 주민들의 큰 호응을 얻기도 했다.

도서관을 걸어서 5~10분 안에 만날 수 있다는 점은, 오늘날 흔히 말하는 '슬세권'(슬리퍼 신고 생활 가능한 생활권)의 개념을 이미 실현한 선구적 사례였다. 그러나 개관 25주년을 맞은 현재, 일곡도서관은 여러 차례 리모델링에도 불구하고 광주를 대표하는 공공도서관의 위상을 점차 잃고 있다. 특히 일곡갤러리는 북구 공립도서관 6곳 중 가장 오랜 역사를 가졌음에도 불구하고, 전시 운영은 대부분 사서들이 병행해 왔고, 예산도 턱없이 부족했다. 결국 일곡갤러리 전시를 외면하게 되었다는 안타까운 목소리가 나오고 있다.

인근 삼각동의 '남도향토음식박물관' 기획전시실도 마찬

가지다. 2007년 개관 이후 외부 전문가와의 협업 없이 운영되고 있으며, 북구청 갤러리, 북구평생학습관 자미갤러리, 풍물갤러리, 금봉미술관, 북구문화센터 오픈갤러리 등 북구 관내 주요 전시공간 대부분이 전문 인력 없이 운영되고 있는 실정이다. '명예관장'과 같은 형태로 외부 전문가를 적극 영입해 전시기획의 전문성과 다양성을 제고하는 자구적 노력이 필요하다.

이와 관련해 최근 우리 지역에서 주목할 만한 긍정적 사례가 있다. 북구 운암동에 위치한 북광주세무서(서장 노현탁)는 신청사 준공과 함께 1층 공간을 '갤러리&409'로 조성했다. 이 공간에는 오치동에서 활동 중인 '해바라기 작가' 박유자 화가가 명예관장으로 위촉돼 활동 중이다.

다소 협소한 공간임에도 공공청사에 갤러리를 조성하고, 예술인을 주도적으로 참여시킨 이번 사례는 김재균 전 의원이 북구청장 시절 추진했던 '공공시설의 문화화' 정책의 연장선상에 있다. 행정시설의 품격을 높이고, 예술인에게는 창작의 장을, 주민에게는 일상 속 문화 향유 기회를 제공한 이러한 시도는 북구 문화정책이 지향해온 방향을 잘 보여준다.

앞으로 박 명예관장이 이끄는 '갤러리&409'가 지역 예술인들이 수준 높은 작품을 선보이고 지역 예술인들의 창작공간이자 주민과 예술이 만나는 일상 속 문화장소로 자리잡길 기대한다. 예술과 행정이 조화를 이루는 이 실험이 지역문화의 품격을 높이는 출발점이 되기를 바란다.

문화플랫폼 '일곡도서관 2.0'으로 일곡지구 변신 이끌자[16)]

도서관은 책을 보관하는 공간일까. 이제는 그 질문을 다시 던져야 할 때다. 2000년 문을 연 광주 북구 일곡동 '일곡도서관'이 새로운 전환점을 맞고 있다. 아파트 숲 사이에 자리 잡은 도서관은 그간 지역주민의 배움과 만남의 장소였지만, 시대와 주민 요구는 이미 한참 앞서가고 있다.

일곡지구는 문화 인프라가 상대적으로 취약한 지역이다. 주변엔 남도향토음식박물관을 제외하면 대규모 문화복합시설이 없다. 노년층과 청년층, 어린이와 다문화가정이 함께 살

---

16) 전남매일, 2025. 7. 7.

아가는 지역에서 단순한 '도서관 기능'만으로는 복잡다단한 문화·복지적 요구를 충족하기 어렵다. '공간의 혁신'이 필요하다. 단순한 리모델링이나 소규모 개편이 아닌, 도서관과 공원을 하나의 문화플랫폼으로 재구성하는 대담한 정책 전환이 요구된다.

'일곡복합문화공간'은 바로 그런 전환의 이름이다. 도서관과 근린공원을 하나로 묶고, 여기에 문화, 교육, 복지, 여가, 커뮤니티 기능을 통합한 거점형 공간을 설계하는 이 구상은, 공간 자체가 주민의 삶을 품고 키우는 '마을의 문화심장'이 되자는 발상에서 출발한다. 단지 책을 읽고 빌리는 공간이 아닌, 서로의 이야기를 나누고, 세대가 어우러지며, 주민이 스스로 정책을 제안하고 만들어내는 시민 플랫폼으로 확장하려는 것이다.

핵심은 '주민 참여'다. 공간 설계와 운영은 행정 주도가 아니라, 주민 주도 구조여야 한다. 이를 위해 '도서관 정책 포럼', '공론장', '마을 라운드테이블'과 같은 실질적 참여 기제를 마련하고, 주민이 공간을 설계부터 결정까지 함께하는 과정을 제도화해야 한다. 단순한 의견 수렴이 아닌, 설계자이자 사용자로서의 주체적 참여가 담보돼야 진짜 '우리 공간'이 만들어질 수 있다.

구체적으로 어떤 시설이 필요할까. 문화 분야에선 전용 공연장, 전시실, 예술창작공방, 시민아카이브를 갖춰야 한다. 교육 측면에서는 스마트 도서관, 디지털 창의학습실, 어린이·청소년 자료관 확대 등 세대별 맞춤 기능이 필수다. 평생학습관 2관도 이곳에 설치돼야 하고 평생학습과 직업교육의 기능을 담을 수 있어야 할 것이다. 복지시설로는 노인돌봄센터, 다문화가정 공유공간, 장애인 접근성이 보장된 인프라가 구축돼야 한다. 이들 기능과 규모가 일곡지구 주민들의 문화적 성숙도를 확실하게 견인할 수준으로 향후 50년을 내다보는 수준이어야 한다. 실내수영장, 카페형 북라운지, 공원 연계 산책길 같은 휴식 공간이 어우러지면, 일상과 예술, 복지와 여가가 함께 숨 쉬는 완결형 복합문화공간이 결합돼야 한다.

주목할 점은 이 공간이 물리적 인프라에 그치지 않는다는 것이다. 주민제안 플랫폼, 지역기록 보존 아카이브, 커뮤니티 미디어센터 등을 통해, 마을의 이야기가 콘텐츠로 축적되고, 정책으로 실현될 수 있는 문화적 생태계를 만드는 것이야말로 이 공간의 궁극적인 목적이다. 문화는 건물에 있는 것이 아니라 사람 안에 있기 때문이다.

이러한 비전은 결코 공상이나 이론이 아니다. 북구는 주민참여예산제를 대한민국 최초로 도입한 자치의 원조다. 최근 세무서 로비 공간에 '갤러리&409'라는 생활 속 예술공간을 만든 지역사회의 경험도 있다. 우리에겐 가능성과 실천력, 주민과 함께 정책을 만들어온 역사적 기억이 있다. 축적된 경험을 바탕으로, 이번에는 도서관이라는 익숙한 공간을 낯설게 혁신해보는 실험이 필요한 때다.

복합문화공간 조성은 문화 기반시설 확대를 넘어, 도시 정체성과 지역 자존감을 회복하는 핵심 전략이 될 수 있다. 일곡지구처럼 문화적 결핍이 뚜렷한 지역일수록, '하나의 문화복합공간'이 불러오는 파장은 삶의 방식 자체를 바꾸는 수준으로 이어진다. 이곳이 주민이 만든 주민을 위한 공간이라는 상징성이 갖는 파급력은, 지역을 넘어 도시 전체에까지 확산될 것이다.

도서관은 책을 보관하는 창고가 아니다. 사람과 사람이 연결되고, 지식과 문화가 흐르며, 일상이 살아 숨 쉬는 '문화적 심장'이어야 한다. 그것이 '도서관의 미래'이고, '도시의 품격'이기도 하다. 이제 북구가, 그 실험을 다시 한번 시작할 차례다.

‘북구마을자치도시재생센터’를 ‘북구마을센터’로 부르기로 한 까닭[17)]

“광주광역시북구마을자치도시재생센터.”

처음 듣는 사람이라면 한 번에 외우기 어렵고, 말하기도 힘든 이름이다. 2023년 10월, 북구가 오랜 기간 운영해온 마을만들기지원센터와 도시재생지원센터를 통합해 새롭게 출범한 이 센터는, 법적 지위와 기능은 명확히 갖췄지만, 이름은 여전히 낯설고 부담스럽다.

실제로 시민들은 “마을센터?”, “도시재생센터?”라며 혼용했고, 지역 활동가조차 명칭을 헷갈리거나 줄여 부르는 경우

17) 무등일보, 8. 7.

가 많았다. 광주의 다른 중간지원조직들도 상황은 비슷하다. 광주광역시도시재생공동체센터, 동구도시재생지원센터, 광주광역시동구푸른마을공동체센터, 광산구도시재생공동체센터, 남구도시재생마을협력센터 등 이름은 제각각이지만, 정작 시민들이 쉽게 기억하거나 부르기엔 불편함이 크다.

이런 현상은 광주시 산하 공공기관에서도 반복된다. 광주경제진흥상생일자리재단, 광주미래차모빌리티진흥원, 광주정보문화산업진흥원 등은 기관의 기능과 역할을 이름에 모두 담고자 하면서 점점 이름이 길어지고 복잡해졌다. 그러나 이렇게 길어진 이름이 시민에게 제대로 각인되고 있는지는 의문이다.

오히려 이름이 짧고 단순할수록 친숙함은 커진다. 국립중앙박물관은 '중박', 국립현대미술관은 '국현'으로 불리며 일상에서 쉽게 회자된다. 이런 축약은 단순한 줄임말이 아니라, 시민과 기관 사이의 심리적 거리를 좁히는 언어적 실천이다. 최근 '케이팝 데몬 헌터스' 애니메이션에 등장한 까치호랑이 배지 열풍으로 국립중앙박물관에 오픈런이 이어지고, 박물관 굿즈 매출이 치솟은 현상은 콘텐츠와 이름이 맞물려 문화 브랜드가 된 좋은 사례다.

하지만 대부분의 지역 중간지원조직은 시민의 생활 가까이에 있음에도 불구하고, 이름이 길고 부르기 어려워 제 역할을 다하지 못하고 있다. 그렇다면 이제는 스스로 시민이 부르기 쉬운 이름을 공식적으로 제안하고, 정리할 필요가 있다.

이러한 문제의식은 필자가 대표로 있는 사단법인 광주광역시북구마을자치도시재생센터에서도 논의되었다. 내부 회의와 임시총회를 거쳐 단체명을 법적으로 바꾸는 대신, 현실적인 대안으로 정관에 약칭을 명시하는 방식이 채택되었다. 그렇게 결정된 이름이 바로 '광주북구마을센터'다.

'너무 평범하지 않나?'라는 반문이 나올 수 있다. 하지만 시민이 기억하고 부르기 쉬운 이름이야말로 공공성을 지닌 조직이 가져야 할 가장 중요한 자산이다. 이미 지역에서는 '마을센터'로 널리 통용되고 있었고, 이번 약칭 지정은 그 흐름을 제도적으로 확인한 셈이다.

이름은 단지 호칭이 아니라 태도이자 철학이다. 브랜드 전문가 손혜원 전 의원은 “기억되지 않는 이름은 신뢰받을 수 없다”고 말한 바 있다. 기아(KIA)는 한때 미국에서 ‘Killed in Action’이라는 부정적 이미지로, 현대(HYUNDAI)는 발음과 철자 때문에 낯설다는 평가를 받았다. 그러나 두 기업 모두 브랜드 전략과 기술력으로 오명을 이겨내며 세계적 신뢰를 쌓았다. 이름은 낯설 수 있지만, 결국 시민의 입에서 불리며 살아남아야 한다.

필자 역시 고향 순창에서 이름이 길어 오히려 혼란을 준 민간단체의 명칭을 간결하게 바꾼 경험이 있다. ‘옥천향토문화사회연구소’는 내부 구성원조차 헷갈릴 정도로 불편한 이름이었으나, ‘옥천문화연구원’으로 바꾸자 지역사회와의 소통도 훨씬 쉬워졌다.

‘광주북구마을센터’라는 약칭은 단순한 줄임말이 아니다. 이 이름에는 시민과 더 가까워지고자 하는 의지, 지역과 더 긴밀히 연결되고자 하는 전략이 담겨 있다. 공식 명칭은 여전히 존중되지만, 실생활에서는 시민 누구나 쉽게 부를 수 있는 이름으로 다가간다는 것이 핵심이다.

공공기관의 이름은 공공을 위한 것이어야 한다. 어렵고 복잡한 이름보다, 기억되고 불리는 이름이 진짜 힘을 발휘한다. 이제 우리는 '광주북구마을센터'라는 이름으로 더 넓게 소통하고, 더 가깝게 연결될 수 있기를 기대한다. 부르기 좋은 이름은 결국, 살아 있는 공동체의 시작이다.

보이지 않게 되자 보이는 것들![18]

눈이 점점 침침하다. 올해 들어 심하다. 작은 글씨는 도통 안 보인다. 순전 나이 탓이다. 깨알 같은 글씨로 누군가 나에게 편지를 쓴다 한들 읽을 재간이 없다. 그렇다고 눈이 점점 어두워지는 것이 나쁜 것만도 꼭 아니다. 보지 않아도 될 일에 마음을 뺏기지 않는 것이 첫째로 좋다. 티끌이 안 보이니 남의 흠을 물어낼 일이 줄어든 게 둘째다. 어지간한 글이 아니고서는 읽을 엄두를 내지 않으니 교만 떨지 않게 된 게 셋째다. 책을 대신해 마당에 핀 흰 민들레 꽃잎을 센다든가, 문밖에서 비 맞는 자주달개비꽃을 보는 시간이 길어진 게 넷째다. 무엇보다 책을 과감히 버려도 집착하는 마음이 딱 끊어진

18) 북소리, 2024. 8. 24.

게 다섯째다.

그밖에도 좋은 게 부지기수다. 물론 불편한 게 왜 없을까. 하지만 그마저도 불평하지 않는다. 아예 눈이 보이지 않는 것을 극복해 버린 이들이 예술에 매진하고, 이들을 지원하는 일로 눈뜬 자를 깨우치는 분들이 있어서다. 게다가 볼 꼴 못 볼 꼴을 보고 산 친구가 옆에 있질 않은가. 복숭아를 유난히 좋아해 그 빛깔을 보는 것만으로도 나이를 잊고 꽃처럼 환해지는 여인이 옆에 있기 때문이다. 그러니 본다는 것에 집착할 일은 꼭 아니다.

얼마 전 호남 유일의 시전문지 '시와사람' 여름호(통권 제112호)에 십 년여 만에 시를 발표했다. 앞서 말한 바대로 눈도 보이지도 않는데, 그나마 시를 읽지도 않는 세상을 향해 시를 발표했으니 얼마나 무망하기 짝이 없는 일인가 싶다. 잡지 한 권이 제대로 팔리지 않는 세상이니 말이다. 1996년에 창간해 30년 가까이를 지역과 함께 호흡한 '시와사람'은 만형 같다. 시와사람'은 여느 때와 다름없이 '시와 시인'을 품어 주고 있다. '시와사람'을 통해 2010년 등단해 문단 활동을 본격화한 필자에게 '시와사람'은 이른바 모지(母誌)다. 그럼에도 등단 이후 문학계에 눈감고 산 세월이 14년이나 흘렀다. 모처럼 만의 작품 발표 기회를 열어 준 것은 시로서 세상을 보는 일에 눈감지 말라는 만형의 호된 죽비였다고 생각한다. 육안이 어두워지는 것을 탓할 게 아니라, 시인으로서 타자의 삶에 눈감아서는 안 된다는 것.

첫 시집에 수록된 시 '삶의 무게'도 그 연장선에서 탄생한 작품 중 하나다. 폐지를 팔아 생계를 잇는 어느 어르신의 모습을 담은 시다. "삶이 얼마나 무거워져야 가벼워지는지 모르는/ 허리 굽은 이가 저울 위에 그의 전부를 올려 놓는다/ (…)/ 햇빛 환한 마당에는 좀 더 무거워야 가벼워지는/ 삶이 순해진다."(필자의 시 '삶의 무게' 일부)고 했던 청년 시인의 눈으로 돌아가면 된다는 것.

마침 기회가 왔다. 지난 8월 초 운암3동 주민자치회 산하에 '황계독서동아리'주관으로 열린 '작가와의 만남'에 초대된 것. 그 자리에서 필자는 참석하신 주민께서 손수 만든 팥양갱과 마주하게 되었다. 팥색의 장미꽃 문양을 한 팥양갱은 딱 봐도 예술품이었다. 지난봄에 꽃구경 못간 것이 이 꽃 보려고 그랬나 보다. 젊은 날에는 꽃을 찾아다닌다지만, 나이 들면 마음속 꽃밭 한 평에서 꽃과 나비를 봐야 한다. 이같이 나이를 뛰어넘어 청년의 눈을 가진 이가 곧 시인이다. 밖을 보려 애쓰는 일만이 아니라, 내 안을 보는 일까지를 게을리하지 않아야 비로소 시인이다. 이제 좀 보인다.

북구의 자랑,
주민참여예산제를 대표브랜드 축제로[19)]

광주 북구를 대표하는 브랜드 축제의 핵심은 주민참여예산제에 있다. 이 제도는 2003년 북구에서 전국 최초로 도입되었으며, 이는 주민의 참여와 자치가 중심이 되었다는 점에서 혁신적이었다. 주민참여예산제는 예산 편성 과정에 주민들이 직접 참여해, 그들의 목소리가 예산안에 반영될 수 있도록 보장하는 중요한 제도다. 이를 통해 예산 편성의 투명성을 높이고, 주민들의 자발적 참여를 이끌어내며, 지역 공동체를 활성화시키는 역할을 해왔다.

---

19) 북소리, 2025. 2. 10.

주민참여예산제는 이제 단순한 제도가 아니라, 북구의 정체성과 뚜렷한 브랜드로 자리 잡고 있다. 22년 전, 북구에서 시작된 이 제도는 오늘날까지 21차례의 개정을 거쳐 성장해 왔으며, 전국적으로도 큰 영향을 미쳤다. 2011년 지방재정법 개정으로 주민참여예산제가 전국적으로 시행되고 있지만, 그 뿌리는 여전히 광주 북구에 있다. 이 모든 변화와 혁신의 중심에는 고 김재균 전 북구청장이 있었다. 고인은 주민자치와 주민참여예산의 개척자로서, 북구를 그 어떤 지역보다 더 주민 친화적인 자치도시로 만들기 위해 애썼다.

이러한 역사적인 가치를 기리기 위해, 북구는 주민참여예산제를 중심으로 한 브랜드축제를 제안한다. 북구는 주민참여예산 기반의 축제를 개최하여, 미래를 향한 다양한 행사와 프로그램을 통해 주민들의 참여를 더욱 활발히 유도할 수 있다. '주민대상'과 같은 상을 시상해 주민들이 직접 성과를 인정받는 구조를 만들고, 주민 참여의 중요성을 더욱 강조하는 기회로 삼을 수 있다. 또한 북구는 전국 주민참여예산 관련 학술대회와 세미나를 유치해 주민참여예산의 중요성을 전국에 알리는 역할도 수행할 수 있다.

이러한 행사는 북구를 주민자치 및 주민참여예산의 중심지로 확고히 자리매김하게 만들고, 북구의 브랜드 가치를 더욱 강화할 것이다. 이 모든 과정에서 중요한 것은 주민참여예산제가 북구의 핵심 브랜드로서, 주민자치의 상징적 역할을 하고 있다는 점이다. 북구는 이 제도를 통해 지역사회의 참여와 자치가 실질적으로 구현되는 모습을 보여주며, 그 가치를 다른 지역 주민자치로까지 확산시켜야 한다.

미래로 전진해야 하는 위치에 있다. 따라서 북구가 추진하는 주민참여예산 관련 축제와 정책, 연구 등의 다양한 시도들은 단순한 지역 행사의 의미를 지니며, 지역 발전의 중심축이 될 것이다. 따라서 북구가 나서서 주민참여예산제를 기반으로 한 축제를 매년 정례로 개최하는 것은 지역 정체성을 확립하고 북구의 고유한 주민자치 자산이 지역문화 자산화하는 중요한 계기가 될 것이다.

주민참여예산제의 정체성과 가치를 기반으로 한 축제는, 북구를 주민자치와 주민참여의 상징적인 공간으로 대표되는 관문이 되는 중요한 열쇠가 될 것이다.

'문화관광 꽃피는 광산'
시민력으로 브랜딩하자[20)]

광주는 '아시아문화중심도시 조성에 관한 특별법'에 근거한 아시아문화중심도시다. 국립아시아문화전당과 광주 전체를 7대 문화권으로 나눠 문화도시 환경 조성을 추진했다. 이후 7대 문화권 사업을 5대 문화권 사업으로 재조정하며 아시아문화중심도시 5대 문화권으로 문화전당 교류권(광주공원 추가), 융합문화과학권(R&D특구, 송암·하남·소촌산단 추가), 아시아공동체문화권(포충사, 월봉서원 일원 추가), 미래교육문화권(서구 마륵동 일대), 시각미디어문화권(중외공원 일대)으로 나뉜다. 이 가운데 융합문화과학권과 아시아공동

20) 광산구보, 2023. 9(vol 351)

체문화권이 광산구의 문화도시 환경조성 대상지다.

광주와 시민 삶의 질 향상에 이바지한다는 것은 굳이 문화기본법과 지역문화진흥법, 아시아문화중심도시특별법 그리고 여타 문화도시 조성 관련 조례를 거론하지 않더라도 이미 상식이다. 故노무현 전 대통령의 공약사업으로 2004년 착수한 아시아문화중심도시조성사업이 올해 종료될 예정이었으나 지난해 법 개정으로 5년이 연장됐다. 7대 문화권 사업 조성 당시 5대 문화권 사업으로 추진을 결정한 2018년 이후 5년이 지나 지금까지 많은 사업을 진행했다. 아시아문화공동체관광 교류 공간 구축(Y-프로젝트), 아시아공동체 독립역사박물관 구축, 광주총영역 아시아문화중심도시 관련 역사·문화자산 통합사업도 추진될 예정이다. 하지만 광주 전체, 아시아문화중심도시 위상에 비춰 보면 타 자치구 대비 광산구가 많은 부분에서 사업효과를 체감할 정도의 기반구축에 대한 지원은 없었다는 아쉬움이 일부 있다.

향후 5년 동안 광주와 광산구가 어떤 극적인 전환을 꾀할 것인가를 심각하게 고민해 봐야 한다. 결론부터 말하자면 광산구의 향후 5년 문화지형을 어떻게 바꿀 것인가는 주민에게 달렸다. 아시아문화중심도시조성사업과 별개로 문화체육관광부는 2019년부터 법정문화도시를 지정하고 있다. 문화도시에 지정된 지자체는 국고와 지방비를 포함해 5년 동안 최대 200억 원의 사업비가 쓰인다. 아시아문화중심도시사업과 크게 다른 점이 있다면 주민주도하에 문화민주주의의 방식으로 지역고유성을 기반해 사업을 특성화하고 도시를 브랜딩한다는 점이다.

전국 24곳의 법정문화도시들이 하드웨어 중심의 예산집행이 아닌 휴먼웨어 등 소프트웨어 중심의 문화도시사업을 시행하고 있다. 인구감소 등 지역소멸 방안, 문화향유기회 확대를 통한 문화격차 해소 등 문화정책의 진정한 시민력을 쌓고 있다. 특히 일부 소수가 주도하는 방식이 아닌 문화예술, 경제산업, 교육 등 각계분야에서 활동하는 시민들이 자발적이고 주도적으로 시민력을 발휘할 수 있도록 지원하고 있다. '문화관광 꽃피는 도시'를 조성하기 위한 12개의 공약을 달성하기 위해 갈 길이 바쁜 광산구가 눈여겨볼 대목이다.

광주광역시는 2014년부터 이미 '문화도시 기본조례'를 제정해 현재에 이른다. 광역지자체 가운데 2006년 서울시 다음으로 빠른 행보다. 민선 8기 광산구의 문화관광이 꽃피기 위해서는 제도, 정책, 예산이라고 하는 문화적 토양을 일굴 부지런한 '문화농민'이 나서야 한다. 시민과 행정, 기업까지 참여해 지역특성을 살릴 수 있는 문화산업을 육성하는 방안을 머리 맞대고 논의할 수 있는 토대를 만들어야 한다. 대화와 소통을 통해 사람을 키우고 기회를 만들어야 한다. 한번 해보자.

3

시각장애인의 눈으로 다시 본 광주

- 기념비가 아니라 골목이다
- 우물에서 시작된 도시정책, 생활에서 완성되는 생태자치
- 연구 없는 지역, 해법 없는 반복
- 물을 다스릴 것인가, 도시를 회복시킬 것인가
- 혼자 죽는 사회는 우연이 아니다
- 시각장애인의 눈으로 다시 본 광주
- 도로의 풀을 보면 행정력이 보인다
- 걷는 도시의 새 공식: 어르신 속도로 설계하라
- '리빙랩도시'

기념비가 아니라 골목이다

— 중흥동 '한강 북카페'가 남긴 질문과 광주 문학도시의 길

광주 북구 중흥동에 조성될 예정이던 이른바 '한강 북카페' 부지가 1년 가까이 방치되고 있다는 보도는 여러모로 씁쓸하다. 4억 원이 넘는 예산으로 매입한 부지는 잡초만 무성한 채 주민 주차장으로 쓰이고 있고, 안전띠에 둘러싸인 조형물만이 이곳이 한때 문화사업 부지였음을 말해준다. 문제는 단지 사업이 중단됐다는 사실이 아니라, 이 과정에서 도시가 무엇을 놓쳤는가 하는 점이다.

애초 이 사업은 한강 작가의 노벨문학상 수상을 계기로 '골목길 문화사랑방'을 조성하겠다는 취지에서 출발했다. 그러나 작가 본인의 반대 의사와 시의회의 예산 삭감으로 사업은

중단됐고, 부지는 활용 방안조차 마련되지 못한 채 방치되고 있다. 이 과정은 우리 지역 문화정책이 여전히 '이름 있는 상징'에 기대어 단기간 성과를 만들려는 관성에서 벗어나지 못하고 있음을 보여준다.

도시브랜딩은 유명 인물의 이름을 건 시설 하나로 완성되지 않는다. 오히려 그것은 일상의 동선, 머무는 공간, 반복되는 경험을 통해 서서히 축적된다. 관광객이든 주민이든 다시 찾게 만드는 힘은 '기념비'가 아니라 '생활의 밀도'에서 나온다. 문학 역시 마찬가지다. 문학은 조용한 독서실보다 카페의 한 자리, 골목의 작은 무대, 동네 서점의 북토크 속에서 더 자연스럽게 살아난다.

중흥동은 이러한 전환을 시도하기에 충분한 조건을 갖추고 있다. 오래된 주거지와 소상공인 상권, 전남대와 금남로를 잇는 동선, 그리고 광주가 가진 풍부한 문학 자산이 만나는 지점이다. 필요한 것은 대형 건물이 아니라, 골목을 따라 분산된 작은 거점과 사람을 움직이게 하는 이야기 구조다.

따라서 지금 필요한 정책은 '북카페 건립 재추진'이 아니라, 중흥동 일대를 하나의 문학 동선으로 엮는 '문학路(로드) 리빙랩' 전략이다. 방치된 부지는 가변형 파빌리온과 소규모 낭독 무대, 북피크닉 공간으로 전환하고, 인근 카페와 서점, 문구점, 베이커리와 연계해 '문학 스탬프 투어'와 계절별 소규모 페스티벌을 운영하는 방식이다. 점포의 쇼윈도에는 시 한 줄과 QR코드를 붙여 낭독 음성이나 작가 인터뷰로 연결하고, 골목 곳곳에 짧은 공연과 북살롱이 열리는 구조를 만들 수 있다.

이 과정에서 중요한 역할을 해야 할 주체는 문화재단과 관광공사, 그리고 지역 문학인들이다. 문화재단은 콘텐츠 기획과 작가 네트워크를 담당하고, 관광공사는 투어 상품과 홍보를 결합하며, 자치구는 공간 관리와 주민 협의를 책임지는 구조가 필요하다. 여기에 대학의 문예창작과, 디자인 학과, 청년 기획자들이 참여하는 '문학 큐레이터' 양성과정을 결합하면 청년 일자리와 지역 문화 인력이 동시에 만들어진다.

무엇보다 중요한 원칙은 작가 개인의 이름을 소비하지 않는 것이다. 특정 인물을 전면에 내세우기보다 '광주 문학'이라는 집합적 기억과 현재의 창작 생태계를 보여주는 플랫폼으로 방향을 잡아야 한다. 이는 작가의 권리를 존중하는 동시에, 도시 브랜드를 장기적으로 축적하는 방식이기도 하다.

중흥동 한강 북카페 논란은 실패한 사업이 아니라, 오히려 도시가 무엇을 배워야 하는지를 보여주는 사례일 수 있다. 건물을 짓기 전에 관계를 만들고, 상징을 세우기 전에 일상을 살피며, 예산을 쓰기 전에 지역 생태계를 설계하는 행정이 필요하다는 점을 말해주기 때문이다.

도시는 기념비로 기억되지 않는다. 사람들이 걷고, 머물고, 다시 찾는 골목의 경험으로 기억된다. 지금 중흥동에 필요한 것은 또 하나의 간판이 아니라, 문학이 일상 속에서 숨 쉬는 길이다. 그것이야말로 광주가 말하는 '문화도시'가 현실에서 작동하는 가장 구체적인 방식일 것이다.

우물에서 시작된 도시정책, 생활에서 완성되는 생태자치

도시는 늘 거대한 개발계획과 예산 규모로 이야기된다. 몇 조 원짜리 사업, 몇 만 평의 부지, 몇 년짜리 마스터플랜이 도시의 미래를 좌우하는 것처럼 보인다. 그러나 실제로 시민의 삶을 바꾸는 변화는 언제나 생활의 가장 낮은 자리에서 시작된다. 집 앞 골목, 동네 놀이터, 오래된 시장, 그리고 한 마을의 우물 같은 공간에서 말이다.

우물은 단순한 물 공급 시설이 아니다. 한때 우물은 사람들이 모이고, 소식을 나누고, 하루의 시작과 끝이 오가는 장소였다. 마을의 기억이 켜켜이 쌓인 공동체 공간이었다. 도시화 과정에서 많은 우물과 샘이 사라지거나 방치됐지만, 그 공간이 품고 있던 사회적 기능까지 사라진 것은 아니다. 다만 우리가 더 이상 그것을 정책의 언어로 해석하지 않았을 뿐이다.

이 지점에서 주목할 만한 활동이 바로 에코미래센터의 우물·샘·약수터 프로젝트였다. 이 단체는 국내·외 샘물, 우물, 약수터 등 지하 물 자원의 보존과 공공성 회복을 핵심 과제로 삼고, 먹는물 공공시설을 환경 자산이자 공동체 자산으로 바라보는 관점을 일관되게 유지해 왔다. 우물을 단순한 식수 시설이 아니라 지역의 역사, 생활문화, 공동체 기억이 응축된 공간으로 해석하는 접근은 이후 생태자치 정책 논의의 중요한 토대가 되었다.

에코미래센터의 활동은 언제나 현장에서 출발했다. 우물과 샘터를 직접 조사하고, 수질을 과학적으로 분석하며, 관리 상태와 주변 환경을 점검했다. 하지만 여기서 멈추지 않았다. 주민과 청소년, 장애인이 함께 참여하는 시민참여형 조사 프로그램으로 확장했고, 그 과정 자체를 교육과 학습의 장으로 만들었다. 환경조사가 곧 지역교육이 되고, 지역교육이 다시 공동체 활동으로 이어지는 구조였다.

2013년 약수터·샘물 탐사단 활동은 이런 흐름의 출발점이었다. 시민들이 직접 동네 우물과 샘을 찾아다니며 기록하고, 이야기를 듣고, 사진과 지도를 남기는 과정에서, 도심 속 옛 우물들이 다시 사회적 관심의 대상으로 떠올랐다. 통샘, 율성정, 꽃바심샘 같은 장소는 과거의 유물이 아니라, 여전히 사람들이 오가며 기억이 이어지는 살아 있는 공간이었다. 우물은 다시 공동체의 중심으로 돌아오기 시작했다.

이후 진행된 도심 옛우물 수질 및 실태조사는 민간단체와 공공기관이 협력한 본격적인 공동조사였다. 수질 19개 항목을 분석하고, 관리 상태를 점검하며, 향후 활용 가능성까지 함께 논의한 이 사업은 단순한 환경조사를 넘어 도시재생과 마을정책의 기초자료로 기능할 수 있는 가능성을 보여주었다. 특히 장애인 거주시설 이용자들이 조사 과정에 함께 참여했다는 점은, 환경정책이 사회적 약자와 분리되지 않고 삶의 문제로 연결될 수 있음을 상징적으로 보여주었다.

조사 결과는 다시 시민에게 공개될 예정이었고, 조사 과정을 기록한 전시도 준비됐다. 환경 데이터는 보고서에만 머무르지 않고, 시민의 눈앞으로 나왔다. 이 지점에서 중요한 정책적 메시지가 만들어진다. 정책은 전문가의 언어가 아니라 시민의 언어로 번역될 때 비로소 사회적 힘을 갖는다는 점이다.

이러한 축적된 현장 경험은 결국 국제무대로까지 확장됐다. 세계물포럼 시민포럼에서 진행된 '바람난 우물' 프로젝트는 지역의 우물과 제주 해녀 문화를 결합해 지하수 자원의 가치와 공동체성을 퍼포먼스와 전시로 풀어낸 사례였다. 지역에서 시작된 물 이야기가 국제적인 물 거버넌스 논의의 장으로 올라간 것이다. 이는 지역 환경운동이 국제 담론과 만나는 드문 경로이자, 생활 기반 생태정책이 세계적 의제로 확장될 수 있음을 보여준 장면이었다.

이 흐름이 시사하는 바는 분명하다. 생태정책은 자연 보호만으로 완성되지 않는다. 그것은 사람의 삶, 공동체의 관계, 지역의 기억과 결합될 때 지속가능성을 갖는다. 그래서 생태정책은 곧 자치정책이 된다. 주민이 참여하지 않는 생태정책은 관리 비용만 늘리는 행정사업으로 끝나기 쉽고, 공동체와 연결되지 않는 환경시설은 유지되지 않는다.

이제 필요한 것은 이러한 경험을 제도와 정책으로 구조화하는 일이다. 첫째, 동네 단위 '생활 생태자산 조사제'를 도입할 필요가 있다. 우물, 샘, 하천, 습지, 오래된 나무, 골목 쉼터 같은 생활 생태자산을 주민이 직접 조사하고 기록하는 주민 연구 프로그램을 상설화해야 한다. 이는 단순한 환경조사가 아니라, 지역학습이자 정책 기초자료를 생산하는 공공 연구 체계가 될 수 있다.

둘째, 조사에서 끝나지 않고 활용으로 이어지는 '생태 생활권 재생 사업'이 필요하다. 예를 들어 우물과 샘 주변을 마을 쉼터, 소규모 문화공간, 생태교육 거점으로 재구성하고, 이를 마을 관광·돌봄·평생학습 프로그램과 연계하는 방식이다. 이는 단순한 시설 설치가 아니라, 마을 운영 주체를 함께 만드는 정책이어야 한다.

셋째, 생태자산 관리에 주민 참여를 제도화하는 '주민 생태관리단' 모델을 도입할 수 있다. 공공 일자리와 연계해 습지 관리, 하천 모니터링, 생활권 녹지 관리 등을 주민이 담당하도록 하고, 이를 전문 교육과 결합하면 생태 돌봄형 일자리 정책으로 확장할 수 있다. 이는 환경정책이 곧 일자리 정책이 되는 구조를 만든다.

넷째, 지역의 생태자산을 교육·문화와 결합하는 통합 플랫폼이 필요하다. 학교 교육, 평생교육, 시민강좌, 문화예술 프로그램이 생태 공간과 직접 연결되는 구조를 만들면, 생태정책은 더 이상 일부 전문가의 영역이 아니라 시민의 생활 교육과정이 된다. 이는 생태 감수성을 다음 세대로 자연스럽게 전승하는 가장 효과적인 방식이다.

이러한 정책 방향은 거대한 개발 사업과 경쟁하지 않는다. 오히려 개발 중심 도시정책이 놓치고 있는 삶의 질, 관계의 회복, 지역 정체성을 회복하는 영역을 채운다. 도시는 콘크리트로만 성장하지 않는다. 사람의 관계와 기억, 일상의 안전과 돌봄이 함께 성장할 때 비로소 지속 가능한 도시가 된다.

우물에서 시작된 정책 실험은 그래서 중요하다. 가장 작은 공간에서 출발한 질문이 도시 전체의 구조를 다시 묻게 만들기 때문이다. 우리는 어떤 공간을 보존할 것인가가 아니라, 어떤 삶을 지킬 것인가를 묻게 된다. 생태정책은 곧 생활정책이고, 생활정책은 결국 자치의 문제로 이어진다.

도시는 위에서 설계되는 것이 아니라, 아래에서 완성된다.

현장에서 축적된 경험과 주민의 참여, 그리고 이를 제도와 예산으로 연결하는 정치적 결단이 만날 때 정책은 비로소 현실이 된다. 우물에서 시작된 이 긴 여정은, 지역 생태자치가 구호가 아니라 실천 가능한 정책 모델이 될 수 있음을 보여주는 하나의 증거다. 그리고 이 방향은 앞으로의 도시정책이 어디로 가야 하는지를 조용하지만 분명하게 말해 주고 있다.

연구 없는 지역, 해법 없는 반복

– 주민이 주체가 되는 길

"지역문제를 해결하려면 지역민이 중심이 되어야 한다." 나는 그 말을 수없이 들어왔다. 그러나 정작 현장에서 목도한 현실은 달랐다. 주민들은 늘 '중요한 존재'로 언급되지만, 막상 제도와 예산이 결정되는 자리에는 거의 초대되지 않는다. 참여한다 해도 이미 결정된 안건을 '동의'하거나, 제한된 정보 속에서 '형식적 자문'만 하는 수준에 머무른다.

그러는 사이 주민들의 삶과 맞닿아 있는 교육, 복지, 일자리, 문화의 문제들은 반복적으로 드러나지만 근본적 해법은 나오지 않는다. 주민들은 문제의 원인과 해법을 알고 싶어 하지만, 전문가라는 사람들과 시민사회단체, 행정은 반복된 분석과 모호한 제안, 낡은 비판에 머물러 왔다. 나는 수없이 그런 자리에 참석했고, 주민들이 직접 연구한 자료를 제시하거나 장기간 실험을 통해 성과를 검증하는 자리는 좀처럼 보지 못했다.

이러한 공백은 단순히 행정 시스템의 문제로 끝나지 않는다. 실제 주민 생활에 불편과 불균형을 초래한다. 생활여건은 개선되지 않고, 교통·보건·주거와 같은 기초 인프라는 더디게 보강된다. 편의시설은 특정 지역에만 집중되어 지역 간 격차를 키우고, 상권은 대형 자본에 잠식되면서 지역상권은 활력을 잃는다.

커뮤니티시설은 만들어져도 주민 스스로 기획하고 운영할 권한이 없어 일회성 공간으로 전락한다. 지역 기업들은 청년 일자리와 연계되지 못한 채 단기 성과에만 몰두하다가 쇠락하거나 외지로 떠난다. 결국 생활의 불편, 일자리의 부재, 지역경제 침체, 공동체 공간의 공허함이 맞물리며 지역의 지속 가능성은 뿌리째 흔들린다.

나는 이 현상이 결국 '연구의 부재'와 연결되어 있다고 본다. 주민의 삶과 지역의 현안은 장기적 관찰과 실험, 그리고 정책 반영 과정을 거쳐야 풀릴 수 있는데, 지금 우리의 제도에는 이를 뒷받침하는 장치가 없다. 현행 법률을 살펴보면 분명 '연구'라는 단어는 등장한다. 지방자치법은 정책 연구를 위한 연구기관 설치를 허용하고, 지역문화진흥법과 평생교육법도 연구 기능을 언급한다. 하지만 이 연구는 대개 광역단위 연구원이나 중앙정부 기관이 담당하는 구조에 갇혀 있다. 주민과 지역 전문가가 함께 연구하고, 그 결과를 정책과 예산에 반영하는 근거는 찾아보기 어렵다.

법률명	연구 관련 조항	한계
지방자치법	제166조: 정책 연구 및 개발 위해 연구기관 설치 가능	광역 · 기초단체 연구원 설립 가능하나 주민 참여 연구 근거 부재
지역문화진흥법	제5조, 제13조: 지역문화 조사 · 연구 가능	문화 분야 국한, 주민연구 제도화 미비
평생교육법	제12조: 평생교육 실태조사 및 연구	교육 중심, 주민참여 근거 부족
지방연구원법	광역단위 연구원 설립 가능	시 · 군 · 구 단위 및 주민 주도 연구 부재

이처럼 연구는 행정과 학계의 몫으로만 규정되고 있다. 주민과 전문가가 지역 문제를 함께 연구하고 축적해 가는 구조는 제도적으로 보장되지 않는다. 결과적으로 주민생활여건 개선, 편의시설 확충, 지역상권 활성화, 커뮤니티시설의 주체적 운용, 지역기업의 발전 전략 같은 삶의 현안들은 장기적 연구와 정책 반영이 반복되지 못한 채 공허한 논의로만 떠돈다.

따라서 나는 '주민연구제'의 도입이 필요하다고 주장한다. 지역문제는 단발성 용역이나 행사로 해결되지 않는다. 주민과 전문가가 생활 속에서 겪는 문제를 장기적으로 연구하고, 작은 성과라도 정책으로 제도화하는 과정이 필수적이다.

이를테면 주민생활여건 개선을 다룬다면 단순히 도로 보수와 교통 개선에 머무를 것이 아니라, 주민들이 일상에서 어떤 불편을 겪는지 구체적으로 기록하고, 이를 기반으로 생활 SOC 확충 계획을 수립해야 한다. 편의시설 문제도 마찬가지다. 특정 신도시에만 몰리는 편의점·도서관·의료시설을 어떻게 균형 있게 분산시킬 것인지, 주민 참여 조사와 연구를 통해 정책화해야 한다. 상권 활성화 역시 단순히 축제를 여는 것이 아니라, 지역 소상공인과 주민이 함께 시장을 연구하고 소비 패턴을 분석해 지속 가능한 생태계를 만드는 방식으로 접근해야 한다.

커뮤니티시설은 단순한 건물이 아니라 주민이 직접 기획하고 운영하며, 그 성과를 다음 기획으로 이어갈 수 있는 순환적 구조가 필요하다. 이를 위해서는 주민·전문가 공동 연구가 뒷받침되어야 한다. 시설을 어떻게 쓰면 좋은지, 어떤 프로그램이 주민에게 실제로 도움이 되는지, 어떤 운영 방식이 재정적으로 지속 가능한지를 연구해야 한다. 지역기업의 발전 방향 또한 마찬가지다. 지역기업은 단순히 세금 혜택이나 지원금에 의존할 것이 아니라, 청년과 노년층 모두가 참여할 수 있는 산업 생태계를 만들어야 한다. 이를 위해 주민과 기업이 함께 연구하고, 행정이 이를 제도화하는 장치가 필요하다.

여기서 중요한 지점을 덧붙이고 싶다. 이미 많은 지자체가 출연해 운영하는 각종 중간지원조직이나 재단들이 지역마다 존재한다. 도시재생지원센터, 마을자치센터, 문화재단, 평생학습관, 사회적경제지원센터 같은 조직들이 그것이다.

그러나 이들 조직은 대체로 사업 수행과 행정 지원에 집중되어 있고, 연구 기능은 주변부에 머무른다. 만약 이런 조직 안에 공식적인 연구전문 인력과 관련 기능을 두어 장기적인 연구를 축적한다면, 시너지 효과는 상당할 것이다. 주민과 직접 맞닿아 있는 중간지원조직은 행정과 주민 사이의 접점에서 살아 있는 데이터를 확보할 수 있고, 이를 전문 인력이 연구로 체계화하면 주민 목소리는 정책으로 훨씬 쉽게 번역될 수 있다. 이는 곧 생활여건 개선, 편의시설 확충, 상권 활성화, 커뮤니티시설 운영, 기업 발전전략 등 개별 사안들이 중장기 정책으로 발전하는 데 필요한 지렛대가 된다. 단발성 행사와 용역의 반복에서 벗어나 지속적이고 축적 가능한 연구로 전환할 수 있는 길은 바로 여기서 열린다.

해외에서는 이미 주민연구가 제도 안에 포함된 사례를 쉽게 찾을 수 있다. 영국의 경우 "Community Research Network(커뮤니티 리서치 네트워크)"가 대표적이다. 이 네트워크는 주민 스스로 연구 주제를 발굴하고, 전문가와 지방정부가 함께 이를 검증해 정책으로 반영하는 구조를 갖추고 있다.

단순한 설문조사가 아니라, 지역 주민이 직접 조사원·연구자가 되어 지역 환경, 복지, 상권 문제를 다루고 그 결과를 지방정부 예산 편성과 계획에 반영한다. 일본도 비슷하다. 여러 지자체가 운영하는 "지역복지계획 수립 과정에서의 주민참여형 연구 제도"는 고령화·돌봄·아동문제 등 복지 영역을 주민 스스로 조사하고, 전문가와 행정이 공동으로 연구하여 정책을 수립하는 방식이다.

일본의 일부 시정촌은 아예 복지정책 조례에 주민연구 참여 조항을 두고, 공식적인 행정 절차로 제도화하였다. 이 때문에 고령사회와 청년 문제, 지역 돌봄 시스템을 주민의 체감에 맞게 설계할 수 있었고, 주민들이 정책 성과를 곧바로 확인할 수 있는 선순환이 가능해졌다.

반면 우리는 아직 연구 없는 정책, 정책 없는 연구의 늪에서 벗어나지 못했다. 이 간극을 메우지 않는다면 생활여건은 개선되지 않고, 편의시설은 불균형을 심화시키며, 상권은 대형 자본에 종속되고, 커뮤니티시설은 공허하게 방치되며, 지역기업은 쇠락을 피하지 못할 것이다.

이제는 말과 선언을 넘어 법률과 제도로 나아가야 한다. 주민이 연구를 권리로 행사할 수 있도록 제도화해야 한다. 지방자치법과 지역문화진흥법, 평생교육법을 개정해 주민연구 근거를 명시하고, 시·군·구 단위에도 주민연구원 설립을 허용해야 한다. 연구용역 중심의 단발성 예산 구조를 개선하고, 주민참여예산제와 연계해 주민이 직접 연구 주제를 발굴하도록 해야 한다.

무엇보다 연구 성과를 행정계획과 조례에 반영하는 것을 의무화하고, 온라인·오프라인을 아우르는 연구 플랫폼을 구축해야 한다. 그리고 이 과정에 중간지원조직과 재단을 전략적으로 연결해 연구 기능을 내재화한다면, 행정과 주민, 기업과 전문가 사이의 간극은 획기적으로 줄어들 수 있다.

연구 없는 지역은 미래가 없다. 우물과 같은 생활 기반 시설이 조형물로만 남는 현실, 청년 정책이 보여주기식 행사에 머무는 현실, 고령화 대책이 단발성 이벤트에 그치는 현실은 연구의 부재가 빚은 결과다. 연구란 단순한 학문이 아니라 삶을 개선하는 힘이다. 주민연구가 제도화되고 정책으로 연결되는 순간, 생활여건은 개선되고, 편의시설은 균형 있게 확충되며, 상권은 살아나고, 커뮤니티시설은 살아 있는 공동체 공간이 되며, 지역기업은 성장할 길을 찾는다. 나아가 각종 중간지원조직이 연구 전문성을 품게 되면, 행정이 미처 닿지 못한 생활 현안까지 빠짐없이 포착하고 제도화하는 연결망이 된다.

주민이 주체가 되어 연구하고, 그 연구가 제도와 예산으로 이어지는 구조. 이것이야말로 우리가 직면한 인구절벽과 초고령사회, 청년 일자리, 문화·복지 격차, 생활여건 불편을 동시에 해결할 수 있는 길이다. 나는 이 길이 반드시 지금 우리 지역에서부터 시작되어야 한다고 믿는다.

물을 다스릴 것인가, 도시를 회복시킬 것인가

— 반복된 수해가 드러낸 도시의 취약과 새로운 선택

2025년 여름, 광주를 포함한 우리나라 남부지역은 기록적인 폭우로 큰 피해를 입었다. 기상청과 보도에 따르면 7월 중순부터 8월 초까지 이어진 집중호우로 광주를 비롯한 여러 지역이 심각한 홍수 피해를 겪었으며, 특히 17일 하루 동안 광주에 426.4㎜가 넘는 비가 쏟아져 관측 이래 최고 일강수량을 기록하는 등 극한 강우가 반복됐다.

광주 북구 서방천과 용봉천 일대도 이러한 상황에 그대로 노출됐다. 2025년 7월과 8월 검증된 보도에 따르면, 비가 시간당 90㎜ 이상 쏟아지는 극심한 폭우 속에서 신안동·운암시장 일대가 다시 침수되었고, 호남고속도로 일부 구간이 통제되는 등 160여 건 이상의 피해 신고가 접수되는 상황이 발생했다는 사실이 언론을 통해 전해졌다.

이는 그저 '비가 많이 왔기 때문'만은 아니었다. 재난 직후, 주민들은 언론 인터뷰에서 이렇게 말했다.

"이번이 처음이 아니다", "복구는 해주지만 다음 비가 오면 또 불안하다", "어디까지 대비해야 할지 모르겠다"는 말들이 반복적으로 등장했다. 이는 단순한 불만을 넘어 삶의 불안감을 드러낸 말들이었다. 이러한 주민의 발언은 반복되는 피해가 구조적인 문제에서 기인한다는 공감을 형성했다.

실제로 광주시의회와 전문가들은 정책토론회 등에서 서방천·용봉천의 침수 원인이 단순한 자연재해가 아닌 도시설계의 구조적 문제에 있다고 진단했다. 복개된 하천이 배수 능력을 크게 떨어뜨렸고, 좁은 관거·합류식 하수 시스템 등 도시 인프라가 폭우에 취약한 상태로 유지되고 있다는 분석이 제기됐다.

이런 흐름은 단지 문제 인식에 머물지 않았다. 정책 논의는 '복개하천 복원'이라는 근본적인 대안 제시로까지 이어졌다.

전문가들은 “복개 구간을 열어 우수저류시설과 생태공원을 연계한 시설을 확충하고, 물순환 체계를 회복해야 한다”고 제안했으며, 이는 단기·중장기 모두를 아우르는 논의로 확장됐다.

이 같은 맥락에서 나는 서방천을 단순히 ‘정비해야 할 하천’이라고 부르는 것에 동의할 수 없다는 생각을 갖게 되었다. 서방천과 용봉천은 복원의 관점에서 재검토되어야 할 도시 자원이다. 복원은 과거로 돌아가자는 주장이 아니라, 자연이 스스로 물을 머금고 흐르게 하며, 도시 내부에서 물의 순환을 회복하는 방향의 정책 전환을 의미한다 물과 사람이 공존할 수 있는 도시 설계 말이다.

이 문제의식은 정준호 의원이 지난 총선 후보 시절 제시했던 서방천 관련 공약과도 맞닿아 있다. 당시 정준호 후보는 서방천 문제를 단순한 치수·정비 사업으로 보지 않고, 복개 구간을 단계적으로 개선하여 복원하는 형태로 접근하겠다는 방향을 제시했다는 언론 보도가 있었다. 이를 통해 그는 서방천을 사람과 물이 흐르고, 도시의 일상과 연결되는 공간으로 바꾸겠다는 의지를 밝혔고, 반복되는 침수 문제의 구조적 원인에 주목했다.

총선 이후 정준호 의원은 국회의원으로서 해당 문제를 국회 의정 활동과 예산 심의 과정 속에서 계속 제기해 왔다는 보도가 이어졌다. 2025년 광주 북구 지역발전 관련 국비 예산 약 2,974억 원을 확보하는 과정에서, 서방천과 관련된 재난 예방 및 수해 대응 분야의 예산도 일부 포함된 것으로 언론에 보도됐다. 특히 서방천 대심도 빗물배수터널 설치를 위한 기후에너지환경부 용역비 5억 원 반영이 이루어져, 향후 타당성 조사 및 기본계획 수립이 가능해졌다는 사실이 확인됐다.

또한 북구 일대의 재해 예방 예산으로 ▲북구청사거리 우수유출저감시설(약 10억 원) ▲문흥성당 우수저류시설(약 30억 원) ▲중앙오수간선관로 정비 사업(약 75억 7천만 원) 등이 포함되어, 하수·치수 관련 인프라 확충을 위한 기초적 재원 마련이 진행되고 있는 것으로 언론에 보도됐다.

그러나 나는 여기서 단지 예산 수치만 말하고 싶은 것은 아니다. 복원이라는 말이 곧바로 대규모 토목 사업이나 단일 시설 확충으로 오해되어서는 안 된다. 서방천 복원은 하천 단면 확장이나 관거 설치뿐 아니라, 도시의 물순환 체계 전체를 재구성하는 문제다. 그것은 주거지, 도로, 녹지, 공공 공간이 물과 함께 작동하도록 설계하는 총체적 도시 문제다 하천을 둘러싼 도시 공간의 재설계라고 할 수 있다.

나는 이러한 관점을 도시 정책의 기초로 삼아야 한다고 믿는다. 그 출발점은 주민들이 실제로 겪은 불안과 피해에서 시작해야 하고, 단기 대책과 중장기 설계가 동시에 포괄되어야 한다. 단순히 물을 빨리 흘려보내는 구조를 강화하는 것이 아니라, 물이 머물고 스며들고 흐를 수 있는 여지를 도시 안에 되돌리는 것이 재난을 줄이는 핵심이기 때문이다.

서방천 복원 논의는 이제 이상향이 아니다. 상습 침수에 대한 근본적 대응이 요구되는 도시 재설계의 문제이며, 생태적 회복력과 도시의 지속가능성을 동시에 고려한 정책적 실험의 장이다. 우리는 이제 “물만 빨리 흘려보내자”는 반응에서 벗어나, 자연과 도시가 공존하는 방식을 고민해야 한다. 서방천은 이 질문을 우리에게 던지고 있다 물을 다스리는 것이 아니라, 도시를 회복하는 것을 선택할 때가 왔다.

혼자 죽는 사회는 우연이 아니다

— 광주 고독사 통계가 말해 주는 것과,
우리가 바꿔야 할 정책의 방향

"쓸쓸히 떠나는 아저씨들."

최근 광주에서 발표된 고독사 통계를 다룬 기사 제목은 짧지만 많은 것을 말해 준다. 지난해 광주에서 발생한 고독사 사망자는 119명. 전년보다 26.6%가 늘었다. 인구 10만 명당 고독사 발생률도 전국 평균을 웃돈다. 특히 사망자의 84.8%가 남성이었고, 그중 40대부터 60대까지 중장년 남성이 전체의 66%를 차지했다는 사실은 우리 사회가 어떤 집단을 가장 취약한 상태로 방치하고 있는지를 적나라하게 보여 준다.

고독사는 더 이상 노년층만의 문제가 아니다. 이혼과 사별,

실직과 소득 감소가 겹치는 중장년기, 사회적 역할에서 밀려나고 관계망이 급속히 붕괴되는 시기에 많은 남성들이 고립의 가장 깊은 곳으로 떨어진다. 기사에 따르면 사망 장소 역시 대부분 아파트나 원룸, 오피스텔 같은 공동주택이었다. 비대면 출입 구조, 닫힌 현관, 이름도 모르는 이웃. 도시형 주거 구조는 효율적일 수는 있어도, 삶의 안부를 확인하기에는 극도로 불리한 환경이다.

더 뼈아픈 대목은 최초 발견자의 절반 가까이가 가족이 아니라 건물 관리자였다는 점이다. 가족이 발견한 경우는 26.9%에 그쳤다. 죽음이 관계의 끝에서 발견되는 것이 아니라, 관계가 이미 사라진 뒤에야 행정적 절차로 확인되는 구조다. 이는 개인의 비극을 넘어 사회적 실패에 가깝다. 함께 살아야 할 사회가, 결국은 관리의 대상만 남겨 놓은 셈이다.

광주시는 이에 대응해 2026년 고독사 예방에 714억 원이 넘는 예산을 투입하겠다고 밝혔다. 위험군 발굴, ICT 기반 예방 시스템, 생애주기별 맞춤형 서비스, 공영장례와 유품정리까지 포함한 종합 대책이다. 방향 자체는 틀리지 않다. 고독사를 개인 책임으로 돌리지 않고 사회적 문제로 규정했다는 점에서도 의미가 있다. 그러나 중요한 질문이 남는다. 이렇게 많은 예산과 사업이 실제로 '고립을 줄이는 구조'로 작동할 수 있을까 하는 점이다.

지금의 정책 구조는 여전히 '발견과 관리' 중심이다. 센서와 안부 확인 시스템은 위기 징후를 감지할 수는 있지만, 삶의 고립을 해소해 주지는 못한다. 위급한 순간을 포착하는 기술은 필요하지만, 그것만으로 사람의 하루를 채워 주지는 않는다. 고독사는 갑자기 발생하는 사건이 아니라, 관계가 사라진 시간이 축적된 끝에서 나타나는 결과다. 결국 예방의 핵심은 감지 장비가 아니라, 일상의 연결 구조다.

또 하나의 한계는 중장년 남성에 특화된 정책이 거의 보이지 않는다는 점이다. 청년을 위한 정신건강 지원, 노인을 위한 돌봄 서비스는 비교적 체계가 갖춰져 있지만, 40~60대 1인 남성 가구를 대상으로 한 관계 회복 프로그램, 생활 지원, 사회적 역할 재설계 정책은 여전히 빈약하다. 이들은 '아직 일할 수 있는 연령'이라는 이유로 복지 체계에서 비켜나 있고, 동시에 가족 돌봄 체계에서도 이미 이탈한 상태에 놓이기 쉽다. 가장 위험한 시기에 가장 적은 지원을 받는 구조다.

여기에 광역 차원의 정책과 기초자치단체, 그리고 동 단위 마을 현장 사이의 거리도 문제다. 고독사는 통계로는 시 단위에서 집계되지만, 실제 고립은 동네 골목과 아파트 복도에서 발생한다. 행정 계획이 아무리 정교해도, 이웃의 얼굴을 아는 구조가 만들어지지 않으면 고독은 계속된다. 결국 해법은 '복지 서비스 확대'만이 아니라, '생활 공동체 회복'이라는 더 어려운 과제로 나아가야 한다.

이 지점에서 정책의 방향은 분명해진다. 첫째, 고독사 예방을 복지 부서만의 과제가 아니라 마을 정책, 평생교육, 일자리 정책과 결합해야 한다. 중장년 1인 가구가 일주일에 몇 번이라도 나올 수 있는 공공 공간, 식사와 대화가 가능한 동네 거점, 소규모 공공 일자리와 연계된 생활 활동 프로그램이 필요하다. 관계는 복지 상담 창구가 아니라, 반복되는 일상 속에서 만들어진다.

둘째, 관리 주체를 행정에서 주민으로 옮겨야 한다. 경비원이 아니라 이웃이 먼저 안부를 묻는 구조, 복지 담당자가 아니라 마을 활동가와 주민이 함께 위기 신호를 포착하는 구조가 만들어져야 한다. 이는 단순한 자원봉사가 아니라, 공공이 지원하는 지역 기반 돌봄 체계로 제도화되어야 한다.

셋째, 중장년 남성을 정책의 '주 대상군'으로 명확히 설정해야 한다. 취업과 돌봄 사이에 낀 세대, 가족 책임은 사라졌지만 사회적 역할도 불안정한 집단을 위한 맞춤형 정책이 없다면, 지금의 통계는 더 악화될 가능성이 크다. 일·관계·생활기술을 함께 묶은 통합 프로그램이 필요하다.

고독사는 혼자 죽는 문제가 아니다. 함께 살아야 할 사회가, 그 사람을 일상에서 놓쳐 버린 결과다. 예산을 늘리는 것만으로는 관계를 복원할 수 없다. 행정이 해야 할 일은 서비스를 쌓는 것이 아니라, 사람이 다시 만날 수 있는 구조를 설계하는 것이다. 도시가 사람을 외롭게 만드는 구조를 바꾸지 않는 한, 우리는 또 다른 통계 앞에서 같은 기사 제목을 보게 될지도 모른다.

이제 질문은 분명하다. 우리는 고독사를 관리할 것인가, 아니면 고립되지 않게 함께 살 것인가. 정책의 성패는 결국 이 선택에서 갈릴 것이다.

시각장애인의 눈으로 다시 본 광주

지난 8월 8일, 나는 광주시민방송《정책굽는 동네빵집 - 빵굿빵굿》마이크 앞에 앉아 있었다. 그날은 유난히 긴장됐다. 프로그램을 시작한 이래 처음으로 게스트를 모셨으니 말이다. 네 살 아이를 키우는 엄마이자 시각장애인인 조민지 씨. 그녀를 소개해 준 안갑주 사진작가의 세심한 다리가 없었다면 불가능했을 자리였다. 낯선 만남이 누군가에게는 설렘일 수 있지만 또 다른 누군가에게는 큰 부담이 될 수 있다. 사전의 대화와 이해가 없었다면 이 만남은 쉽지 않았으리라.

그녀는 남편과 함께 방송국에 들어섰다. 나는 서둘러 마음의 거리를 좁히려 했다. 시민방송 활동가라는 이름 아래 음악 선곡부터 대본, 기술, 녹음 관리까지 혼자 감당하느라 늘 허

술한 나 자신을 먼저 고백했다. “오늘은 실수투성이 진행자와 함께하는 자리라 생각해 주세요. 형식보다 편안하게요.” 그렇게 말하며, 내가 궁금한 것보다 시민들이 듣고 싶어 할 이야기에 귀를 기울이기로 했다.

그녀는 결혼 초 어느 저녁을 떠올렸다. 퇴근길, 집을 찾지 못해 한참을 헤매다 결국 낮에 산책하며 길을 익히던 날들. 그러나 시력은 점점 흐려졌고, 혼자 다니는 일은 갈수록 두려워졌다. “혼자 다니기엔 점점 어렵습니다. 아무렇게나 세워진 킥보드, 조용히 다가오는 자전거, 불법 주차된 차들이 가장 무섭죠.” 그 말은 단순한 푸념이 아니었다. 도시의 풍경 속에서, 안전은 너무 쉽게 무너지고 있었다. 보행은 특정 집단만의 권리가 아니라 누구에게나 주어진 삶의 기본이다. 그러나 현실은 그 기본조차 흔들리고 있었다.

비 오는 날의 이야기는 더 깊었다. “아이가 무섭다고 안아 달라 해요. 18킬로그램이 넘는 아이를 안고 한 손에는 우산을 듭니다. 결국 저는 비를 맞죠.” 이 짧은 고백 안에 육아와 장애가 겹쳐진 삶의 무게가 고스란히 담겨 있었다. 놀이터에서는 아이가 멀리 가면 그저 서서 돌아오기만을 기다려야 하고,

작은 사고가 나도 바로 수습하지 못해 오해를 사기도 한다. "엄마는 왜 항상 의심해?" 아이의 말은 엄마의 불안과 미안함을 그대로 비추고 있었다. 그 순간, 나는 제도의 빈틈을 생각했다. 돌봄 지원이 단순한 생활 보조를 넘어 육아의 영역까지 닿는다면, 이런 고단함이 조금은 덜해지지 않을까.

그녀는 남편 이야기도 했다. 하루 열다섯 시간을 일하느라 함께할 시간은 적지만, 아침마다 쓰레기를 버려주고 쉬는 날엔 아이와 시간을 보낸다고 했다. 교육 문제도 대체로 그녀의 결정을 따랐다. 따뜻해 보이면서도, 무게의 불균형이 분명히 드러나는 장면이었다. 생계를 떠맡은 남편과 돌봄을 전담한 아내. 흔히 있는 풍경이지만, 장애여성에게는 사회적 지원의 부재가 곱절의 짐으로 다가온다. 장애인 정책이 소득과 활동 보조에만 머물지 않고 가족 구조와 성별, 양육 단계까지 섬세하게 닿아야 하는 이유가 여기에 있다.

문화 이야기를 꺼냈을 때 그녀의 얼굴은 잠시 밝아졌다. "광주비엔날레에서 도슨트 설명을 들으며 작품을 본 게 가장 기억에 남아요. 아시아문화전당 어린이문화원도 좋았고, 앞으로도 계속 가고 싶어요." 그러나 곧 이어진 말은 씁쓸했다.

"ACC는 지하라 입구 찾기가 너무 힘들었어요. 아이가 '에스컬레이터 여기 있어'라고 알려줘야 들어갈 수 있었죠." 문화도시의 간판 같은 공간이 누군가에게는 또 다른 장벽이었다. 문화의 품격은 행사 규모나 건물 크기에 있지 않았다. 누구나 길을 찾을 수 있는 동선, 누구나 들을 수 있는 설명, 누구나 읽을 수 있는 정보에 있었다.

나는 물었다. 문화 관련 정보를 어떻게 접하냐고. 그녀는 이렇게 말했다. "친구들한테 듣거나 SNS에서 우연히 알게 돼요. 직접 찾아보려 해도 이미지로만 된 정보는 스크린리더로는 볼 수 없거든요." 그의 대답은 문화도시라는 이름이 얼마나 공허할 수 있는지 보여주었다. 우리가 자랑하는 홍보와 안내는 정작 필요한 이들에게 닿지 않고 있었다. 작은 안내 하나, 작은 이미지 하나가 누군가를 배제하는 순간이 된다. 문화도시를 꿈꾼다면 바로 그 순간을 바꾸는 것부터 시작해야 한다.

길 위의 불안 이야기는 더 아프게 다가왔다. "점자블록이 막힌 문으로 이어지거나 길 없는 곳으로 연결된 경우를 봤어요. 아파트 주민 민원 때문에 음향신호기가 사라졌고, 이제

차가 멈추면 초록불일 거라 생각하며 건너요. 매번 무섭습니다. 눈치게임 같아요." 나는 그 말을 듣고 한동안 아무 말도 할 수 없었다. 교통안전의 기본 장치를 민원 때문에 없애는 도시. 그것은 안전 이전에 시민권의 문제였다. 민원을 관리하는 것도 행정의 일이라지만, 안전보다 앞설 수는 없다.

사람들의 태도도 그를 힘들게 했다. "제가 '눈이 안 좋아요'라고 하면 쉽게 도와주시는데, '시각장애인입니다'라고 하면 갑자기 긴장해요. 병원에서는 저를 두고 남편에게만 설명할 때도 있었습니다. 그 순간 투명인간이 된 것 같았어요." 이 짧은 경험담 안에 사회가 가진 선입견이 압축돼 있었다. 미디어가 오랫동안 만들어온 '불쌍한 장애인', '실수하는 존재'라는 프레임은 결국 일상으로 흘러들어와 왜곡된 관계를 만들어낸다. 인식 개선은 캠페인 몇 차례로 해결될 수 없다. 의료, 행정, 문화, 교통 같은 구체적 현장에서의 교육과 훈련이 절실하다.

방송의 마지막, 그녀는 이렇게 말했다. "우린 같은 시민이고, 단지 방식이 다를 뿐이에요. 편하게 대해 주세요." 그 말은 이날의 대화를 꿰뚫는 결론이었다. 나는 방송이 끝난 뒤에도 오래 생각했다. 우리는 과연 같은 시민을 같은 시민으로 대하고 있는가. 장애인을 위한 정책은 복지 혜택의 차원에서 멈춰선 안 된다. 교통, 문화, 육아, 가족, 일상 전반에 걸쳐 생활 속 권리로 확장되어야 한다.

광주시민방송에서 나눈 이 대화는 단순한 체험담이 아니었다. 그것은 오늘의 광주를 비추는 거울이었다. 어쩌면 사소해 보이는 불편, 지나칠 수 있는 고충의 나열일 수도 있었다. 그러나 나는 곤충의 촉수처럼 온몸의 감각이 열리는 시간을 경험했다. 광주가 진정으로 문화도시, 시민도시를 꿈꾼다면 바로 이 일상의 장벽부터 허물어야 한다.

정책은 결국 생활 속에서 살아 숨 쉬어야 한다. 주민자치회의 구성에 장애인의 참여를 당연직으로 보장하고, 문화시설의 접근성을 법으로 강화하며, 작은 안내 하나에도 모두가 접근할 수 있는 도시를 만들어야 한다. 문화도시는 화려한 행사로 증명되는 것이 아니라, 누군가의 보통의 하루가 안전하고 존중받는 순간에서 완성된다. 조민지 씨의 목소리는 그 사실을 잊지 말라는 당부였다. 그리고 나는 그 당부를, 이 도시의 정책으로, 시민의 약속으로 이어가야 한다고 믿는다.

도로의 풀을 보면 행정력이 보인다

도시의 품격은 높은 건물에서가 아니라 낮은 길에서 드러난다. 도로 옆, 인도 경계석 밑에 자란 풀 한 포기를 보면 그 도시의 행정이 보인다. 풀은 스스로 자라지만, 그것을 어떻게 다루느냐는 행정의 태도와 세심함을 증명한다. 정비가 늦은 도시는 금세 무질서의 표정을 띠고, 풀 한 포기조차 제자리에 두지 못하는 행정은 결국 신뢰도 잃는다.

도시를 걷다 보면 시선은 자연스레 낮은 곳으로 떨어진다. 도로의 경계석과 인도의 틈새, 가드레일 아래, 배수로 가장자리에 자라난 풀 한 포기가 도시의 인상을 결정한다. 잡초는 생명력의 상징이지만, 동시에 관리되지 않은 풍경의 표지이기도 하다. 깨끗한 보도 위의 질서는 시민에게 안도감을 주지만, 무심히 자란 풀들은 도시의 피로를 말없이 쌓아 올린다. 풀은 말하지 않지만, 그 존재로 행정의 태도를 증명한다. 행정이 세심하면 도시는 단정하고, 행정이 무심하면 풀은 어느새 시야를 점령한다.

잡초는 자연의 일부지만, 방치된 풀은 도시의 무능으로 읽힌다. 그래서 도로의 풀은 환경이 아니라 미관의 문제이며, 미관의 문제는 곧 행정의 품격과 시민의 자존심에 닿아 있다. 우리는 오랫동안 잡초와 싸워왔다. 여름이 되면 예초기 소리가 새벽부터 도시를 깨운다. 며칠이면 다시 풀이 돋고, 다시 예초기가 돌아간다. 풀을 베는 손길은 많지만, 도시는 여전히 지저분하다고 느낀다.

그 이유는 단순하다. 지금의 제초 행정은 '없애기'에 집중했지, '보이게 하는 질서'를 설계하지 않았기 때문이다. 잡초는 뽑히면 사라지지만, 미관은 정비하지 않으면 회복되지 않는다. 도시는 풀을 없애는 방식이 아니라, 풀을 다루는 태도로 품격을 갖춘다.

잡초가 생기는 이유는 단순하다. 도시의 틈 때문이다. 보도

블록의 줄눈, 배수로의 틈, 경계석의 단차, 오래된 보도 위의 침하된 틈들이 모두 풀의 자리다. 풀은 흙을 찾아 뚫고 나오고, 흙은 결국 사람의 관리가 닿지 않는 곳에 쌓인다.

이때 간과해서는 안 되는 것이 바로 보도블록의 '투습 구조'다. 최근 도시들은 빗물의 자연 침투와 열섬 완화를 위해 투수·투습형 블록을 사용한다. 그러나 관리가 부실할 경우, 이 블록의 미세한 틈과 표면 모세관이 오히려 잡초의 생육 공간이 된다. 빗물은 스며들지만, 그 아래 고인 먼지와 토사가 뿌리를 내릴 토양을 만들어버린다. 물순환에는 이롭지만, 관리가 없으면 '미관의 틈'으로 변한다.

따라서 도시의 보도 설계는 단순한 배수 효율보다 투습과 제초의 균형 설계로 나아가야 한다. 일정 구간에는 투습형을, 일정 구간에는 비투습형을 혼합하는 방식으로 관리성을 확보할 필요가 있다. 또한 투습형 블록 사이의 줄눈 폭을 일정하게 하고, 하부에 잡초 방지용 지오텍스타일을 병행 시공하면, 물은 스며들되 풀은 자라지 않는다. 결국 풀을 없애는 일은 흙의 통로를 설계하는 일과 같다. 도시의 미관은 줄눈의 폭과 물의 흐름, 그리고 행정의 시공 철학에서 결정된다.

줄눈을 몰탈로 메우고, 경계석 밑의 공간을 충진하며, 포장재를 무줄눈형으로 교체하면 풀의 생장 기반이 사라진다. 미관의 회복은 제초가 아니라 구조적 정리에서 시작된다. 도시의 아름다움은 큰 조형물보다 작은 시공의 정밀함에서 나온다. 줄눈의 폭, 포장의 색, 경계석의 수평이 바로 행정의 디테일이다.

하지만 도로의 풀 문제를 단순한 청소나 미관 관리로만 본다면 절반의 시선에 머문다. 풀은 곧 공동체의 심리적 거울이다. 사회심리학의 '깨진 유리창 법칙'처럼, 도시의 관리 부재는 사람들의 마음속에도 무질서의 허용을 낳는다. 뉴욕의 깨진 유리창, 방치된 그래피티, 버려진 쓰레기통이 범죄와 무관심을 키웠던 것처럼, 보행로의 잡초와 균열, 벽면의 낙서는 도시의 신뢰도를 낮춘다.

풀 한 포기를 내버려두는 순간, 도시는 '관리되지 않아도 괜찮은 공간'으로 인식되고, 시민의 책임감과 자부심은 함께 무너진다. 따라서 제초는 환경정비가 아니라 공공질서 회복의 첫 단추다. 잡초가 단정히 관리된 거리는 행정의 신뢰를, 시민의 자기관리 의식을 동시에 높인다. 도시는 결국 '심리적 풍경'이기 때문이다.

광주광역시는 전국에서도 주민자치와 마을만들기의 역사가 깊은 도시다. 그중에서도 북구는 2000년대 초부터 '아름다운 마을 만들기' 사업을 통해 주민이 직접 마을의 경관과 환경을 관리하는 기반을 닦았다. 이 사업은 단순히 벽화를 그리고 화단을 조성하는 데 그치지 않았다. 주민이 스스로 마을 계획을 세우고, 환경정비·안전·문화 프로그램을 직접 운영하는 구조였다. '마을을 행정의 대상이 아니라 주체로 세우는 일', 그것이 북구형 자치의 출발이었다.

특히 북구의 오치동, 일곡동, 용봉동, 중흥동 일대에서는 이 사업이 '풀 관리'와 직접 연결된 사례를 보여준다. 예를 들어, 주민자치위원회가 주도한 '화분거리 조성사업'은 가로변에 주민이 직접 관리하는 이동식 화분과 플랜터를 설치해, 잡초가 자라던 틈새를 '식재 디자인 공간'으로 전환한 것이다. 문흥동 일부 골목에서는 주민 스스로 매월 정비일을 정해 잡초 제거, 도로청소, 쓰레기 분리정리 등을 자율적으로 수행했다.

이 과정에서 생긴 '자율 미관관리팀'은 이후 도시재생협의체의 모태가 되었고, '우리 길 우리가 관리한다'는 문화가 자연스럽게 확산됐다. 도시재생 현장지원센터와 마을공동체센터의 역할도 커졌다. 2018년부터 북구 도시재생 현장지원센터는 마을 디자인 회의에서 "잡초 제거와 보행선 확보를 디자인의 일부로 포함시키자"고 제안했다. 단순한 '청소'가 아니라 '미관 설계'로의 전환이었다.

실제로 2020년 북구 양산동 일대 도시재생 시범사업에서는 제초와 인도 재포장 공사를 병행하면서 경계석 하단 몰탈 충진·색상 일체화·저관리 식생대 설치를 적용해 주민 만족도가 크게 높아졌다. 이런 흐름은 행정 주도의 단기 제초사업과 달리, 주민참여형 지속관리 체계의 가능성을 보여준다. 잡초는 행정이 한 번 베면 다시 자라지만, 주민이 '매일' 보는 눈으로 관리하면 '자라기 전에' 정리된다.

행정은 주민에게 장비와 체계를 제공하고, 주민은 시간과 관심을 보탠다. 이것이 바로 풀을 매개로 한 자치의 혁신 모델이다. '아름다운 마을 만들기'와 '도시재생협의체'는 사실상 풀 문제 해결의 사회적 플랫폼이다. 행정이 전면에 나서지 않아도 주민 네트워크가 자율적으로 보행환경을 유지할 수 있다. 광주 북구는 이미 각 동별 주민자치회를 중심으로 '우리동네 환경정비의 날'을 운영하고 있다.

이 사업을 단순한 봉사행사에서 정기적·소규모·책임형 루틴으로 바꾸면, 행정의 지속가능성이 획기적으로 높아진다. 풀 관리가 곧 마을의 품격 관리가 된다. 마을 단위의 작은 질서가 쌓이면 도시 전체의 미관이 정돈된다.

이제 필요한 것은 원칙과 제도다. 첫째, 정기성 유지다. 잡초 제거는 일회성 이벤트가 아니라 연중 루틴이어야 한다. 생육기(4~10월)에는 3~4주 간격, 휴면기(11~3월)에는 6~8주 간격으로 관리 일정을 공개하고 주민이 언제든 확인할 수 있도록 해야 한다.

둘째, 시각 질서 중심 평가제가 필요하다. 제초의 성공 기준은 '풀의 유무'가 아니라 '정돈된 질감의 유지'여야 한다. 보도와 경계석의 색상 통일, 줄눈 폭의 일관성, 얼룩과 단차 없는 표면—이것이 행정의 품격을 드러낸다. 셋째, 주민 참여형 일자리 모델이 필요하다. 한 블록을 책임지는 주민·청년·

어르신을 고용해 정기 제초와 사진 인증을 수행하게 하고, 지역화폐로 보상하는 '클린버디' 제도를 운영하면 골목 하나하나가 살아난다.

넷째, 제초 후 시각적 채움이 중요하다. 풀을 제거한 빈틈에는 시민정원, 미니화단, 아트플랜터 등을 설치해 '정돈된 생명력'을 표현할 수 있다. 마지막으로, 공개성·감사성·피드백 구조를 마련해야 한다. '언제, 어디를, 누가 정비했는가'를 시민이 확인하고 의견을 남길 수 있어야 한다. 행정의 투명성은 도시의 신뢰로 이어진다.

이런 변화는 해외에서도 공통적으로 확인된다. 일본 시부야구는 '보행미관구역'을 지정해 상점주와 구청이 협약으로 정기 제초와 색상 유지 관리를 병행한다. 네덜란드 암스테르담은 인도 틈새 식물을 일정 높이 이하로 유지하며 '정돈된 자연'을 인정한다. 영국 해크니 구청은 제초 후 벽면에 지역 예술가의 그래픽을 입히고 색상 통일을 통해 거리 질서를 확보한다. 그들은 풀을 없애는 대신, 도시의 질서를 '디자인'으로 완성했다.

광주도 이제 이런 감각 행정을 모색할 때다. 북구의 주민자치 기반은 이미 충분하다. 문제는 그것을 행정 설계로 연결하는 일이다. 예산의 관점에서 풀 관리 사업은 도시재생·마을만들기·환경정비·고용지원 네 부문과 맞닿아 있다. 클린버디 제도나 주민책임 블록제를 통해 어르신·청년·경력단절여성에게 마이크로 일자리를 제공하고, 주민이 직접 보행로와 주변 경관을 관리하도록 유도한다면, 복지와 미관, 자치가 동시에 선순환한다.

풀은 결국 '무질서의 징후'이자 '회복의 기회'다. 방치된 풀은 행정의 무심함을, 정돈된 풀은 공동체의 성숙함을 말한다. 깨진 유리창을 방치하면 범죄가 자라고, 풀 한 포기를 돌보면 마을이 단정해진다. 도시의 질서는 법령보다 눈높이에서, 제도보다 발걸음에서 완성된다.

기형도 시인은 시 「정거장에서의 충고」에서 이렇게 썼다.

"나는 가끔 우울한 도시의 버스정류장에 앉아
누가 내 이름을 부르지 않을까 기다린다."

그의 시에서처럼 도시의 쓸쓸함은 사람의 손이 닿지 않는 공간에서 피어난다. 풀 한 포기가 그 쓸쓸함을 덮지 않게 하려면, 행정의 손길뿐 아니라 사람의 눈빛이 머물러야 한다. 도시는 높은 건물보다 낮은 길이 기억된다. 사람들은 하늘보다 발밑의 정돈된 선에서 안심을 느낀다.

잡초가 없는 도시가 아니라, 잡초가 조화롭게 통제된 도시가 품격을 가진다. 풀은 도시의 적이 아니라, 관리되지 않았을 때만 미관의 적이 된다. 행정이 풀을 없애려 애쓰기보다, 풀을 다루는 방식을 디자인하는 데 집중할 때 도시는 살아 있는 질서를 되찾는다. 시민이 함께 걷고, 함께 돌보는 거리야말로 가장 아름다운 도시의 풍경이다. 풀 한 포기의 미학을 이해하는 행정, 그것이 도시의 품격을 완성한다.

걷는 도시의 새 공식: 어르신 속도로 설계하라

길을 걷다 보면, 보행기를 미는 어르신이 화분 턱이나 차량 진입방지봉에 잠깐 몸을 기대고 숨을 고르는 장면을 자주 마주친다. "걷고 싶은 도시"를 오래 외쳐 왔지만, 막상 거리에서 공짜로 앉아 쉴 자리 하나 찾기 어렵다는 사실은 별로 달라지지 않았다.

고령화는 숫자가 아니라 풍경이다. 보행기는 '특수 장비'가 아니라 일상의 발, 벤치는 미관용 조형물이 아니라 다음 50미터를 가능하게 하는 작은 응급실이다. 도시가 정말로 걷고 싶어지려면 구호가 아니라 속도의 기준을 바꿔야 한다. 젊은 다리의 속도가 아니라 어르신의 안전한 속도에 맞춰 길과 의자, 표식과 화장실, 상가의 영업 습관까지 함께 리디자인해야 한다.

이 전환을 뒷받침하려면 '벤치=사소한 가구'라는 편견부터 벗겨야 한다. 유현준 건축가는 벤치를 "사람들이 공짜로 머무는 공공의 의자"라고 부른다. 그는 테헤란로에서 '세상의 모든 벤치' 프로젝트를 진행하며 "전국에 벤치 100만 개를 만들고 싶다"고 말했다. 짧은 문장이지만, 도시는 머무를 자리가 많을수록 다정해진다는 뜻이 압축돼 있다.

해외 도시들은 이미 벤치의 전략적 가치를 정책으로 끌어올렸다. 뉴욕의 '시티벤치(CityBench)'는 버스정류장·상업가로·고령층 밀집지역에 표준형 벤치 1,500개를 깔아 "거리의 편안함을 높이고 특히 노인의 보행을 돕는다"고 못 박았다. 위치 선정 원칙과 설치 목표를 공표해 시민 제안으로 지점을 넓힌 것도 특징이다. "2015년까지 설치 완료" 같은 기한·수량·장소를 함께 약속했기에 체감이 생겼다. 런던은 '고령친화 런던' 행동계획에서 좌석·휴식·안내체계를 교통 접근성과 묶어 관리한다. 단순 의자 보급이 아니라, 쉬는 권리를 설계 표준과 공무원 교육, 유지관리 프로세스에 박아 넣는 방식이다.

지침의 수준도 구체적이다. 싱가포르의 공공장소 유니버설 디자인(UD) 가이드는 보행 동선에서 휴식 지점을 50m 이내로 둘 것을 권장하고, 보행약자를 위해 측면 접근·회전 공간을 표준화한다. 지침은 "누구에게나 안전하고 접근 가능한 환경"을 만들기 위한 좋은 관행을 사례와 함께 제시한다. 이런 문서가 도시의 체감 품질을 좌우한다.

기업이 참여하면 속도가 붙는다. 현대제철은 푸르메재단·유현준앤파트너스와 협업해 장애인과 비장애인이 함께 앉을 수 있는 '누구나 벤치'를 서울과 수도권 공공공간에 단계적으로 보급하고 있다. 흥미로운 점은 벤치에 QR 설문을 붙여 이용자 의견을 수집하고, 다음 설계·배치에 반영한다는 것이다. 이러한 데이터 기반 유지관리는 공공벤치의 '방치'를 '성장'으로 바꾼다. 설치 규모와 확장 계획이 언론·재단 자료로 꾸준히 공개되는 것도 신뢰에 힘을 보탠다.

이제 광주 차례다. 변화는 거창한 신축에서 시작되지 않는다. 규격과 간격, 그리고 운영의 약속에서 시작된다. 먼저 보행연속성이다. 골목 적치물·입간판을 정리해 보행 유효폭 2.5m 이상을 확보하고, 단차를 제거한다. 이어 휴식연속성이다. 거리를 50m 그리드로 쪼개 '휴식 패키지'를 한 세트씩 배치한다. 세트 구성은 간단하지만 과학적이다. 등받이·팔걸이 있는 벤치 + 퍼칭바(기댈 높이 90~110cm) + 소형 음수대 + 비상벨 + 표지판. 이때 벤치 규격이 체감을 가른다. 좌판 높이 45~50cm, 일어섬을 돕는 팔걸이, 좌석 옆 측면 접근 90cm(보행기·휠체어가 나란히 설 수 있는 폭), 바닥 미끄럼 방지와 배수. 벤치는 벽·가로수와 60cm 이상 이격해 충돌을 막는다. 버스정류장 전후 25m에는 벤치와 퍼칭바[21]를 함께 두고, 뒤편에는 보행기 주차 링과 간단 수리 키트를 비치해 환승 대기 시간을 "쉬는 시간"으로 바꾼다. 공원·하천변은 80~120m 간격으로 등받이형·팔걸이형을 섞어 다양한 체력을 흡수한다.

다음은 편의연속성이다. 화장실은 신축보다 네트워크가 해법이다. 설치·유지비가 큰 모듈형 공중화장실은 접고, 상업가로·시장축을 200~300m 셀로 나눠 셀마다 최소 1개 개방형 화장실을 확보한다. 참여 방식은 리버스 옥션(역경매)으로 바꾼다. 건물주·점포가 "얼마의 지원이면 어느 시간대를

21) 퍼칭바는 오래 앉기 힘든 사람을 위해 서서 기대는 봉이다. 잠깐 기대 쉬기 좋고, 혼잡 시간에 유용하다.

얼마나 열겠다"를 제안하면, 최소 지원으로 최대 개방시간을 약속한 곳부터 선정한다.

보조는 현금보다 리스크·비용을 줄여 주는 패키지가 효과적이다. 자동잠금·비상벨·자동소독·환기 키트, 소모품 정액배송을 묶어 제공하고, 사건·사고에 대비해 단체배상보험을 시가 일괄 가입한다. 경사로·손잡이·자동문 등 무장애 소형 리모델링은 바우처로 돕는다. 무엇보다 찾기 쉬움이 핵심이다. 건물 입구·엘리베이터·층별 복도에 통일된 안내판을 붙이고, 보행로 바닥에는 픽토그램과 거리("화장실 70m")를 표기한다. 지도·버스앱에도 연동하면 시민은 "걸으면 200~300m 안에 화장실이 있다"는 예측 가능한 안심을 얻게 된다.

여기에 서비스연속성이 더해져야 한다. 골목과 상가, 버스 정류장, 진료기관, 공공청사, 공원, 시장으로 이어지는 일상의 경로를 한 호흡으로 연결하는 것이다. 핵심은 상인회(상가번영회)의 참여다. 상가가 내놓는 의자에 도시는 확실한 보상으로 응답한다. 가변형 의자 제도를 도입해 지정 시간에는 접이식 의자와 피칭바를 인도 점유선(폭 60cm) 안에 내놓고 영업 종료 시 수거하도록 허용하되, 바닥 점유선을 표시하고 야간 소음·청결 책임을 체크리스트로 관리한다.

참여 상가는 벤치·퍼칭바·안내판·픽토그램을 공동구매·공공조달로 저렴히 들여오고, 운영 소액보조와 야간 청소를 지원받는다. 고령친화 응대, 낙상 대응·응급처치, 자동심장충격기(AED) 사용, 화장실 위생·안전 교육을 정기적으로 제공받고, 지도·포털에 우선 노출되는 '시니어 환대 상가'·'안심 화장실 파트너' 인증을 부여받는다. 개방시간·이용건수·민원 0건·청결도·교육 이수율로 브론즈~플래티넘 등급을 나누고, 프리마켓·걷기축제 같은 공공행사 우선권, 표준 규격 준수 조건의 옥외광고 특례를 부여하면 참여는 더 빨라진다. 상인회와는 MOU+SLA(업무협약+서비스수준협약)를 맺어 응답·청소·복구 기한과 데이터 제출 범위를 문서로 약속하고, 상인회 추천의 현장 매니저가 점검·교육·민원·데이터를 총괄한다. 인접 상인회끼리 상호 점검제를 도입하면 품질 편차가 줄어든다.

정책은 시민의 돈과 참여로 뿌리를 내린다. 주민참여예산제로 동별 '시니어 걷기길 위원회'를 꾸려 벤치 위치·디자인·

개방 파트너를 주민이 결정하게 하자. 소액사업 풀을 열어 그늘막·바닥 표식·야간 조도 개선을 직접 제안·집행하게 하고, 고향사랑기부제로 "우리동네 벤치 후원" 캠페인을 상시 운영하자. 벤치 명판에 기부자 이름과 헌정 문구를 새기고, 200~300m 블록 스폰서십으로 은행·병원·유통사가 셀 단위로 참여하게 만들자. 분기마다 성과 히트맵을 공개해 미달 구간은 추가 참여로 보강하고, 계절·시간대에 맞춰 배치와 표식을 유연하게 조정한다. 숫자가 쌓이면 신뢰가 생기고, 신뢰가 쌓이면 풍경이 바뀐다.

이 모든 것을 하나의 문장으로 요약하면, KPI를 바꾸라는 말이다. 보행연속성(보행 유효폭·단차 제거) + 휴식연속성(50m) + 편의연속성(200~300m 화장실) + 서비스연속성(상가·정류장·진료·공원 연결)을 도시 차원의 핵심 KPI로 설정하자. 부서별 단위사업을 이 네 축에 맞춰 정렬하고, 분기마다 지표를 공개하자. "얼마를 썼는가"가 아니라 "얼마나 더 멀리, 더 안전하게, 더 편하게 걷게 되었는가"로 결과를 말하게 하자. KPI가 구호를 현장의 체크리스트로 바꾸고, 체크리스트가 시민의 보행 경험을 바꾼다.

현장에서 무엇이 달라질까. 뉴욕은 벤치를 프로그램으로 만들었고, 보스턴은 공공사업국이 설치·유지를 책임 부서로 명확히 했다. 보스턴은 "등받이와 팔걸이가 있는 의자가 일어서고 앉기 쉬워 연령친화적"이라고 설명한다. 벤치 위치 지도를 공개해 누구나 찾을 수 있게 한 것도 참고할 만하다. 한편 WHO의 고령친화도시 네트워크는 도시가 나아갈 방향을 이렇게 요약한다. "노년의 삶 전 영역을 포용하는 환경을 만들라." 좌석과 표지, 보행과 교통, 돌봄과 상점을 연결하면, 도시는 누구에게나 친절해진다.

국내 민관협력 모델도 이미 싹을 틔웠다. 현대제철의 '누구나 벤치'는 철강 소재 디자인을 적용해 내구성과 포용성을 동시에 높였고, "서울 시내 수십 곳에 설치, 확대 중"이라는 구체적 진척을 알리고 있다. 무엇보다 QR 피드백을 통한 사용자 참여 설계가 공공벤치의 새 표준을 제시한다. 광주도 도심 상업가로로 이 모델을 끌어오면, 단기간에 '앉고 쉬고 다시 걷는' 리듬을 만들 수 있다.

결국, 우리가 채택해야 할 것은 새로운 공식이다. "규격과 간격, 그리고 어르신의 속도." 벤치의 규격(등받이·팔걸이,

좌판 45~50cm, 측면 접근 90cm, 미끄럼 방지·배수), 휴식의 간격(생활가로 50m, 공원·하천변 80~120m), 화장실의 간격(200~300m)과 찾기 쉬운 표식, 그리고 상인회·시민이 함께 만드는 운영의 약속. 이 공식을 KPI로 삼아 보행·휴식·편의·서비스의 네 연속성을 지도 위에 동시에 구현하면, '걷고 싶은 도시'는 슬로건이 아니라 일상의 체감이 된다. 유현준이 말했듯, 벤치가 많아야 좋은 도시다. 느린 속도를 표준으로 삼는 순간, 도시는 모두에게 더 안전하고 더 다정해진다. 오늘 벤치 하나를 놓고, 내일 바닥 표식을 한 장 더 붙이고, 모레 상인회와 약속을 문서로 남기자. 광주가 먼저 걷는 도시의 새 공식을 현실로 만들 때다.

'리빙랩도시'

– 주민이 스스로 주민의 생활을 실험하고 해결하는 도시

광주시민방송 《정책굽는 동네빵집》이 스무 번째 방송을 끝으로 막을 내렸다. 마지막 생방송의 마이크 앞에 서며 나는 스스로에게 물었다. 지난 19번의 방송 동안 우리가 다뤄 온 수많은 주제—가족친화, 아동과 여성, 시민·의회 정책연구, 도서관, 평생교육, 평투의 습지, 1인가구, 유니버설디자인, 대통령 공약, 음식 관광, 청소년 정책, 미술관, 빈집, 재난과 특별재난지역 지정—을 한 판에 담아낼 수 있는 이름이 무엇인가. 그 답으로 나는 리빙랩도시를 꺼내 들었다. 생활 속의 실험실, 주민이 연구자가 되고 골목과 마을이 연구 현장이 되는 도시. 방송의 마지막을 나는 이 제안으로 열고 닫았다.

나는 선거철마다 반복되는 장면을 오래 보아 왔다. 공약이 빛나는 문장으로 등장하지만, 주민의 삶은 좀처럼 달라지지 않는다. 행정이 만든 자료나 외부의 보고서가 공약을 채우고, 시민은 모르는 사이 약속이 정해진다. 그 결과는 종종 비슷했다. 책임 없는 약속, 공허한 말, 그리고 "빌 공짜 공약"이라는 냉소. 이 악순환을 끝내려면 정책을 공표하는 방식에서 정책을 실험하는 방식으로 전환해야 한다. 나는 마지막 방송에서 이렇게 말했다. "주민이 스스로 문제를 정의하고, 직접 실험하고, 그 결과를 행정이 책임 있게 받아 제도로 묶어야 합니다."

북구에는 27개의 행정동이 있다. 나는 이 모든 동을 작은 실험실로 만들자고 제안했다. 각 동은 고유한 결을 가지고 있다. 그렇다면 실험의 주제도 동마다 달라야 한다. 도서관에서는 아이들과 새로운 학습법을 시험해 볼 수 있다. 특별재난지역으로 선포된 침수 구간에서는 주민이 안전 대책을 직접 설계하고 구체화해 볼 수 있다. 빈집은 공동체 공간으로 전환하고, 돌봄은 이웃의 힘으로 모델을 만들어볼 수 있다. 나는 방송에서 이렇게 덧붙였다. "북구의 27개 동이 모두 작은 연구실이 되어, 365일 주민이 문제를 연구하고 실천에까지 이르도록 하자." 연구와 실험의 결과는 크든 작든 축적되어 다음 실험의 밑거름이 되고, 그 축적이 곧 동의 역량이며 북구의 미래가 된다.

실험은 공간에서 시작된다. 빈 점포와 빈집, 그리고 유휴 공공공간을 거점으로 삼자. 그곳을 사랑방이나 회의실로만 쓰지 말고, 결과를 내는 연구와 실험의 방으로 바꾸자. 나는 구체적 그림을 제시했다. 빈 점포 하나는 골목 기록실이 된다. 또 다른 한 곳은 주민 정책 연구실, 위층은 생활 실험실로 꾸릴 수 있다.

생활 실험의 주제는 현장에서 나와야 한다. 집 안의 식물 관리를 잘 아는 주민이 예산을 지원받으며 이웃을 찾아가 코칭하는 일, 반려 케어에 대한 생활 정보를 공유하고 필요하면 동네 차원의 지원 체계를 시험해 보는 일, AS가 끝난 가전제품을 수리·순환하는 작은 플랫폼을 운영해 보는 일, 영상 시대에 맞춰 동네에 작은 스튜디오를 만들어 예약제로 주민이 활용하도록 해 보는 일. 이 밖에도 비어 있는 점포를 묶어 골목 단위의 네트워크를 만들고, 그 안에서 생활 실험과 주민 교육, 지역 문화 활동을 병행하는 시도도 가능하다. 중요한 것은 생활 속 불편을 직접 만지고 고치는 실험이 이어지도록 판을 깔아 주는 일이다.

여기서 나는 한 가지를 더 분명히 했다. 행정과 연구기관, 정치권이 만들어 놓은 제한된 정책이 주민과 잘 섞이지 않는 현실을 우리는 너무 자주 보아 왔다. 설령 섞인다 해도 시간이 지나치게 오래 걸리고, “예산이 없다”는 말 앞에서 현장에서 절실한 정책일수록 좌절되는 경우가 많았다. 이 반복을 언제까지 감수할 것인가. 나는 답을 이렇게 냈다. 주민이 직접 연구를 해보자. 왜 그렇게밖에 안 되는지에 관해 주민이 스스로 연구하고, 초기엔 작은 예산으로 시작하더라도, 가능하면 통 큰 예산을 과감히 투입해 규모 있고 심층적이며 전문적인 시스템으로 곧장 발전시키자. 쪼개지는 돈이 아니라, 집중과 축적을 가능하게 하는 돈이 필요하다.

실험은 말만으로 굴러가지 않는다. 예산이 있어야 움직이고, 예산이 있어야 책임이 생긴다. 나는 방송에서 분명히 말했다. “말하는 주민에게 예산을 주고, 행동하는 주민에게 예산을 배정해야 합니다.” 주민이 회의에 참여하면 소정의 회의비나 포인트로 보상하고, 작은 실험에는 소규모 기금을 상시로 붙여 즉시 집행할 수 있게 하자. 대규모 건설사업만을 위한 큰돈이 아니라, 일상의 문제를 고치는 데 반복적으로 투입되는 통 큰 예산이 필요하다. 이 예산은 주민에게 실험의 기회를 보장하고, 행정에는 축적 가능한 데이터와 경험을 제공한다. 그 과정에서 실패가 나와도 좋다. 실패는 기록이 되고, 기록은 다음 실험의 지도가 된다.

나는 생활 실험의 스펙트럼도 넓혀 보자고 제안했다. 빈 점포를 활용해 공공 수리를 해 보고, 주민들의 패션을 코칭하는 '패션 방'이나 작은 아트 마켓을 열어보자. 요즘은 영상의 시대다. 집에서도 할 수 있지만, 어떤 사람들은 특정 공간이 필요하다. 그렇다면 골목에 스튜디오를 여러 개 만들어 예약제로 쓰게 하자. 한 곳이 모자라면 둘, 셋, 넷—아예 '주민 스튜디오 거리'를 만들 수도 있다. 중요한 건 실험이 필요할 때 공간과 장비가 있다는 사실이다. 그러려면 다시, 쪼개기 예산이 아닌 집중 투자가 절대적이다.

행정의 구조 또한 달라져야 한다. 나는 이런 일을 주민자치과의 단위 시책으로만 다루어서는 안 된다고 했다. 북구 전체의 브랜드 전략이자 발전 전략으로 격상해 기획실이 주도하고 전 실·과가 함께 수용하는 체계를 만들어야 한다. 긴축이 필요하다면 과감히 재배치하고, 그 범위 안에서 리빙랩 역량을 키우는 데 집중하자. 리빙랩이 일회성 이벤트나 특정 과·팀의 업무 분장으로 흩어지지 않도록, 북구 전체가 한 방향으로 드라이브를 걸어야 한다. 나는 이 전환의 실질적 시행 시점을 염두에 두고, 2026년부터 본격 작동하기를 바란다고 말했다. 물론 그날을 기다리기만 할 일도 아니다. 지금부터 주민이 의견을 모아 커뮤니티를 확장한다면, 제도의 도입과 정착은 한층 빨라질 것이다.

리빙랩도시는 브랜드이기도 하다. 북구는 과거 주민참여예산과 아름다운 마을 만들기에서 길을 먼저 열었다. 그 전통을 잇는 다음 버전이 바로 리빙랩도시다. 영어 이름이 어색하다면 언젠가 더 알맞은 우리말로 바꾸면 된다. 지금 중요한 건 단어가 아니라 방법이다. 주민이 연구자가 되고, 마을이 실험실이 되며, 행정이 그 실험을 책임 있게 지원하는 방법. 그 방법이 북구의 일상이 되면, 북구는 공약이 아니라 실험으로 증명되는 도시가 된다. 도시브랜딩은 그때 자연스럽게 따라온다. "북구는 주민이 연구하는 도시"라는 문장이 구호가 아니라 경험이 되는 것이다.

마이크를 내려놓던 순간 나는 이렇게 덧붙였다. "방송은 여기서 문을 닫지만, 우리의 정책 고민은 이제 시작입니다." 나는 그 말을 지금도 믿는다. 점자블록 하나를 바로잡는 일, 골목 기록 한 줄을 남기는 일, 빈 점포 하나에 불을 켜는 일—이 작은 실험들이 모여 일상의 품질을 끌어올리고, 그 품질이 쌓여 도시의 품격이 된다. 그 품격을 위해 우리는 다시 일상으로 돌아가야 한다. 주민의 한마디가 예산으로 이어지고, 작은 실험이 제도로 연결되는 길. 그 길을 함께 닦아 가는 도시, 그 도시가 북구였으면 좋겠다.

4

광주문화도시,
사람을 키워야한다

- "광주문화도시, 사람을 키워야 한다"
- 마트처럼 자주, 미술처럼 오래:
  각화동 '창고형 공공 아트마켓'으로 여는 생활예술의 도시
- 무등도서관, 북구의 생활문화 거점으로 다시 설계해야 할 시간!
- 주민자치의 심장, 도서관이 도시를 바꾼다
- 우리 동네에 이런 공원 하나쯤 있었으면
- 미룰수록 손해다, 말바우 태양광은 지금이 적기다
- 청년이 떠나지 않는 북구, 어떻게 만들 것인가
- 북구 실버케어시티
- 평생교육이 바꾸는 북구의 일상
- '노란병아리 정류장'에서 시작된 생활정치

“광주문화도시, 사람을 키워야 한다”

광주는 문화도시를 표방하며 다양한 시설 확충과 사업 추진에 힘을 쏟아왔다. 그러나 문화도시의 질적 성장은 건물이나 예산으로만 이뤄지지 않는다. 핵심은 콘텐츠를 생산하고 해석하며 시민과 연결하는 사람, 곧 학예연구사와 사서직이다. 지금까지 이들을 단순한 보조인력처럼 취급해 온 행정 관행은 더 이상 지속될 수 없다. 광주가 진정한 문화도시로 도약하기 위해서는 행정의 무게 중심을 시설과 예산 중심에서 ‘전문인력 중심’으로 전환하는 패러다임의 변화가 필요하다. 이 전환이야말로 광주 문화정책의 질적 도약을 가능케 할 첫 걸음이다.

현실을 들여다보면 문제는 분명하다. 광주의 문화재 행정은 학예연구사 태부족에 시달린다. 한 명이 조사·지정·교육·전시·기록까지 도맡는 경우가 흔하고, 이는 장기적 조사와 기록 축적을 가로막는다. 문화유산은 '발굴'보다 '기록'의 싸움이고, 기록은 지속적인 사람이 만들어낸다. 인력 공백은 곧 지역 기억의 공백으로 이어진다.

도서관의 상황도 비슷하다. 광주시립도서관에 대한 감사 결과, 근로계약·시설관리·미술품 등록·연구실 운영·민간위탁 관리 등에서 부적정이 적발됐다. 이는 단순 절차상의 문제가 아니다. 수서 정책, 장서 개발, 디지털 아카이브 구축 등 도서관 핵심 업무에서 전문 사서의 권한과 책임이 충분히 보장되지 않은 구조적 신호다. 전문성이 결여되면 도서관은 곧 '비어 있는 서가'로 전락한다.

학교도서관 역시 심각하다. 법은 사서교사 의무 배치를 규정하고 있으나, 광주에서는 자격 인력이 부족해 공석이 반복된다. 그 결과 교사가 겸직하거나 학부모가 최소 업무를 떠맡는 상황이 벌어진다. 하지만 도서관은 단순 대출 창구가 아니다. 학생 눈높이에 맞춘 정보 리터러시 교육, 지역 자료 활용 프로젝트, 디지털 시민성 교육이 모두 전문 사서의 손끝에서 나온다. 이 공백은 곧 학습 기회의 불평등이다.

최근 역사왜곡 논란 도서 전수조사와 폐기 방침은 자료 선정 전문성의 중요성을 보여주는 단적인 사례다. 도서관은 검열의 장이 아니라 전문적 큐레이션의 장이어야 한다. 투명한 선정 기준과 전문가 중심 검토 체계가 마련될 때 도서관은 신뢰받는 지식 인프라로 기능할 수 있다.

작은도서관의 경우도 마찬가지다. 광주에는 400여 개 작은도서관이 있지만, 순회사서는 10명 남짓이다. 순회는 응급처방일 뿐, 권역별 상주 전문팀과 허브 도서관 체계가 마련되지 않는다면 지역 간 불균형과 전문성 결핍은 반복될 수밖에 없다.

이 모든 사례는 하나의 결론으로 모인다. 전문 인력을 확충하고, 그 가치에 걸맞은 구조와 제도를 마련해야 한다는 것이다. 도서관장 자리에 행정직을 앉히는 관행을 끝내고, 전문직 관장제를 도입해야 한다. 학예연구사에게는 기획·전시뿐 아니라 장기 연구와 기록을 축적할 시간을 제도적으로 보장해야 한다. 학교–공공도서관–박물관을 연계한 현장 컨소시엄을 통해 공백을 메우는 체계도 필요하다.

광주가 지향하는 문화도시는 단순히 '행사와 전시가 많은 도시'가 아니라, 지식과 기억을 체계적으로 축적하고 이를 시민과 공유하는 도시다. 그 축적의 현장에 늘 서 있는 사람들이 학예연구사와 사서직이다. 그러나 지금의 행정 구조는 이들의 전문성과 가치에 걸맞은 자리와 역할을 제공하지 못하고 있다.

따라서 이제는 행정 패러다임의 전환이 필요하다. 시설 투자와 행사 기획 중심에서 벗어나, 전문 인력 증원과 가치 증대를 통해 연구·기록·교육 중심의 구조를 세워야 한다. 광주가 진정한 문화도시로 성장하려면 건물보다 사람, 예산보다 전문성을 앞세우는 결단이 필요하다. 학예연구사와 사서직을 도시의 콘텐츠 생산자이자 문화자산의 편집자로 존중하는 순간, 광주는 양적 성장을 넘어 질적 성장을 이루게 될 것이다.

마트처럼 자주, 미술처럼 오래: 각화동 '창고형 공공 아트마켓'으로 여는 생활예술의 도시

미술관은 더 이상 웅장한 건물과 유리 진열장, 정숙을 강요하는 관람 예절로만 정의되지 않는다. 팬데믹을 거치며 일상의 호흡은 달라졌고, 우리는 집 근처에서 숨을 고르고 작은 기쁨을 발견하는 법을 다시 배웠다. 그 작은 기쁨이 예술이라면, 미술관은 특정 장소에 수직적으로 솟은 상징이 아니라 생활권에 수평으로 스며드는 인프라여야 한다. 아이에게는 상상력의 학교, 어른에게는 자기 회복의 방, 공동체에게는 말을 건네는 광장. 그림 한 점이 거리의 온도를 바꾸고 동네의 공기를 바꾼다는 사실을 아는 도시라면, 예술을 '보러 가는' 행위를 넘어 예술이 '먼저 다가오는' 동선을 설계해야 한다.

여기서 출발하는 발상 전환이 바로《예술도 대형마트처럼! 창고형 공공 아트마켓 조성》이다. 미술품의 유통·대여·전시·교육이 분절되어 접근성이 낮고, 예술인이 판매처와 전시장, 작업공간 부족으로 생계를 위협받으며, 주민은 여전히 "예술은 어렵고 비싸다"는 심리적 장벽 앞에서 멈칫하는 현실을 바꾸기 위해, 이제 예술을 박물관 유리벽 뒤에서 꺼내 한 곳에서 전부를 체험하게 하자는 제안이다. 아직은 정책 구상단계이기는 하지만 각화동 농수산물시장이 이전하게 되면 각화동 농수산물시장의 유휴 창고를 중심으로, 전시와 대여·판매, 오픈 스튜디오와 교육, 정원과 야외무대, 계절형 수영장과 야간 조명을 한데 묶어 생활예술 복합 플랫폼을 만들자는 상상은 구호가 아니라 운영 가능한 도시 설계다. 마트가 일상을 채우듯, 아트마켓은 감성을 채우는 공간이 되어야 한다.

이 구상의 핵심은 접근성·집적성·지속가능성이라는 세 축을 현실의 장치로 치환하는 일이다. 접근성은 동선의 문제다. 각화동 유휴부지에 들어설 창고형 아트마켓은 입구에서부터 장벽을 낮춘다. 누구든 문턱 없이 들고 나갈 수 있는 소형 판화·사진·일러스트·도자가 '한 장'의 가격으로 소개되고, 내부에는 상설전과 기획전이 맞물린 전시홀이 관람의 리듬을 만든다. 유리 벽면 너머로 보이는 오픈 스튜디오에서는 작업의 과정이 전시의 일부가 되고, 아이와 어르신을 위한 교육실에서는 느린 수업이 흐른다. 정원과 야외무대는 낮과 밤의 시간을 다르게 큐레이션한다. 해가 기울면 조명과 음악이 켜지고, 잔디 위에서 피크닉과 작은 공연이 이어진다. 정보 접근도 '마트처럼' 간결하다. 작품 정보는 QR로 읽고, 결제와 대여는 키오스크에서 바로 처리하며, 포장·배송·설치까지 표준 서비스를 통해 이어진다. 대여는 기관·기업·개인 구독제와 연결되어 순환을 잦게 하고, 작품은 벽에 걸린 채 머무르지 않고 동네를 돌아다니며 사람들을 다시 데려온다.

집적성은 기능의 문제다. 지금까지 도시 곳곳으로 흩어져 있던 유통·대여·전시·교육을 한 지붕 아래로 모으면, 단순한 편의 이상의 시너지가 발생한다. 전시를 본 관람객이 그 자리에서 소형 작품을 구입하거나 구독으로 대여를 신청하고, 오픈 스튜디오의 작가가 주말 원데이 클래스를 열며, 교육실에서 수업을 들은 아이가 저녁 야외무대 공연을 기다리는 동안 정원을 산책하는 식의 교차 체류가 일어난다. 작은 지출이 여러 번 일어나는 구조, 즉 강한 체류·약한 소비의 합이 도시경제를 두텁게 만든다. 이 집적은 로컬 창작 생태계에도 직접적이다. 회화·공예·디자인·활판·원예·조명 등 다양한 분야가 같은 플랫폼 안에서 만나며 협업하고, 레지던시와 마켓, 수업과 대여가 한 작가의 복합 수익모델로 연결된다. 작가에게는 "작업-전시-판매-교육-대여-아카이브"의 선순환이, 주민에게는 "관람-체험-소장-재방문"의 선순환이 생긴다.

지속가능성은 제도의 문제다. 잠깐의 이벤트와 달리 플랫폼은 일상의 시간표로 작동해야 한다. 그러려면 세 가지가 필요하다. 첫째, 법적 토대다. 생활예술권을 선언하는 조례를 제정해 공공건축·생활SOC에 일정 비율의 예술 설치를 의무화하고, 로비·복도·휴게실·화장실 등 생활공간의 예술 배치를 표준화하며, 캡션의 글자 대비와 높이, 앉음 공간, 휴식 리듬과 동선을 모두로(무장애) 원칙으로 규정해야 한다. 무엇보다 예술노동 표준단가를 고시해 '재능기부' 대신 정당한 계약과 보수가 체계적으로 작동하게 해야 한다. 둘째, 재원과 운영 구조다. 도시재생·주민참여예산·문화도시 예산을 프로젝트 단위로 블렌딩하고, 예술인협동조합과 주민협치 플랫폼, 행정이 공공성·전문성·대표성을 나눠 맡는 삼각 거버넌스로 굴려야 한다. 작품 구독제와 대여 수익은 운영비의 자립도를 높이고, 순환 대여망의 회전율은 지역작가의 지속 수익을 만든다. 셋째, 야간·안전·접근성의 표준이다. 조도·소음·경계 안전·비상 동선·시각 피로를 고려한 색온도 같은 세부 지침을 마련하고, 휠체어 회전 반경, 점자·수어·오디오 가이드 등 접근성 요소를 시설 설계의 기본값으로 삼아야 한다. 이렇게 제도·운영·표준이 맞물리면, 플랫폼은 정책의 문장으로만 존재하지 않고 시민의 일상으로 작동한다.

이 플랫폼이 가동되면 동네의 하루는 다르게 흘러간다. 한 가족은 오후에 상설전을 보고 잔디에서 늦은 점심을 나눈 뒤, 저녁에는 야간 전시 산책로를 걷고 소형 판화를 한 장 구입한다. 청년은 컨테이너 전시 앞에서 사진을 찍은 뒤 실크스크린 원데이 클래스에 참여하고, 야외무대의 인디 공연을 듣는다. 어르신은 도서관 복도의 순환 전시와 작가 토크를 듣고, 정원에서 느린 음악회를 즐긴다. 이 동선을 A.ZONE 패스 같은 체류형 상품권으로 묶으면, 전시·클래스·카페·로컬 상점까지 부드럽게 이어지는 도시 관광권이 된다. 관광이 '특정 시간 특정 장소로 몰리는 소비'였던 관성에서 벗어나, 생활의 속도와 야간의 리듬, 걷는 동선으로 스며드는 순간 도시 브랜드는 자연스럽게 한 문장으로 요약된다. "마트처럼 자주, 미술처럼 오래." 대규모 이벤트가 만들던 일시적 붐 대신, 자주 오지만 부담 없는 방문이 많은 사람들이 조금씩 쓰는 경제를 만든다. 조용하지만 두터운 체류의 경제다.

준비해야 할 것은 공간만이 아니다. 데이터는 정책의 오븐 온도다. 관람 연령·시간대·체류시간·재방문율, 전시·대여 이력, 프로그램 만족도, 인근 상권 매출과의 연동 같은 지표를 수집해 대시보드로 공개해야 한다. 다음 분기의 큐레이션은 데이터에서 출발하고, 다음 해의 예산은 수치로 설득한다. 좋은 감상은 소중하지만, 도시를 굴리는 것은 근거다. 교육과 치유의 연계도 핵심이다. 학교·도서관·복지와 연결된 아트 키트를 정기 공급하고, 교사 연수와 결합한 수업형 전시를 상설화하며, 보건·정신건강과 연계한 미술치유 프로그램과 보호자 동반 프로그램, 노년층의 느린 수업과 정원·원예·조명을 결합한 야간 정원 문화는 시민들의 체류 시간을 자연스럽게 늘린다. 예술이 '봐야 할 것'에서 '누려야 할 권리'로 이동하는 순간, 플랫폼은 문화복지이자 생활SOC가 된다.

이 구상이 각화동에 적합한 데에는 현실의 이유가 있다. 시장 이전으로 생긴 유휴 창고와 부지, 북부순환도로 인근의 접근성, 구도심과 신도심 사이의 위치라는 지리적 장점. 그리고 주민참여예산제의 원조라는 상징 자산이 더해지면, 참여의 도시가 운영의 도시로 도약할 토대가 된다. 기획은 큐레이터가, 실행은 예술가가, 선택은 주민이 하는 구조가 낯설지 않은 도시에서, "주민+예술가 상설 거버넌스"는 행사위원회가 아니라 상시 운영의 엔진이 된다. 공개 오디언스 피드백과 시민 큐레이터제, 로컬 상점과 연결된 야간 예술 산책은 참여를 이벤트가 아니라 설계 방식으로 바꾼다. 한편, 신축 대신 리모델링·재활용 중심의 공간 전략은 비용을 낮추고 속도를 높인다. 컨테이너 1~2동으로 시작해 조명·소음·안전 기준을 확립하는 파일럿을 거쳐, 창고 2개동을 단계적으로 리모델링하고, 정원·야외무대·계절형 수영장으로 확대하는 로드맵은 24개월 안에 현실적인 이행이 가능하도록 설계된다. 중요한 것은 작게 시작해도 끊임없이 돌아가게 만드는 것, 즉 '회전'이다. 회전은 곧 재방문이고, 재방문은 곧 신뢰다.

정책 제언은 간결하면서도 단단해야 한다. 첫째, 「창고형 공공 아트마켓 및 생활예술권 보장 조례」를 제정해 의무비율·배치기준·노동단가·무장애 표준을 명문화한다. 둘째, 도시재생·문화도시·주민참여예산을 프로젝트별로 블렌딩하여 초기 투자와 운영비를 안정화하고, 작품 구독제·대여 수

익·공간 대관·교육 프로그램 수입으로 자립도를 높인다. 셋째, 예술인협동조합과 주민협치 플랫폼·행정의 3자 거버넌스로 '공공성-전문성-대표성'을 분담하며, 공개 공모와 투명한 심사로 신뢰를 쌓는다. 넷째, 야간 운영 표준과 안전 매뉴얼, 모두로 가이드를 현장 언어로 세분화해 '운영의 문장'을 축적한다. 다섯째, 데이터 대시보드 공개를 통해 시민·의회·언론과 효과를 공유하면서, 다음 기획과 예산의 근거로 환류한다. 여섯째, 학교·도서관·복지·보건과의 협업으로 교육·치유·돌봄을 결합한 프로그램을 상설화하여, 예술을 생활SOC의 하나로 통합한다. 마지막으로, 브랜드를 잊지 말아야 한다. A.ZONE이라는 이름은 장소가 아니라 도시의 약속이어야 한다. 안내 사인과 조명의 색온도, 벤치의 재질과 캡션의 문장까지, 세부가 곧 철학이다. 도시의 이미지는 문자 이전에 재질과 빛으로 기억되기 때문이다.

결국 이 모든 제안은 한 문장으로 수렴한다. 마트처럼 자주, 미술처럼 오래. 누구나 자주 오고, 부담 없이 보고, 작은 것을 손에 쥐고 돌아가며, 오래 남는 경험을 축적하게 만드는 도시. 각화동의 빈 창고가 잔디와 빛, 음악과 물, 그리고 그림과 사람이 만나도록 설계될 때, 예술은 더 이상 '특정한 날의 특별한 외출'이 아니라 '매일의 가벼운 선택'이 된다. 그 가벼움이 도시를 바꾼다.

그림이 있는 도시는 조용하지만 그 자체로 말한다. 어떤 저녁, 누군가는 유리 너머의 색을 따라 잠시 멈춰 서고, 어떤 청년은 원데이 클래스에서 만든 작은 오브제를 들고 집으로 돌아가며, 어떤 노인은 잔디의 가장자리에서 음악을 듣는다. 이것이 문화복지이고, 생활경제이며, 도시브랜딩이다. 선언이 아니라 표준으로, 구호가 아니라 운영으로, 영감이 아니라 계약으로, 우리는 이 변화를 굽는다. 반죽은 이미 되어 있다. 이제 굽기만 하면 된다. 그리고 그 빵은 충분히 따뜻할 것이다.

무등도서관, 북구의 생활문화 거점으로 다시 설계해야 할 시간!

광주 북구 우산근린공원 한켠에 자리한 무등도서관은 오랫동안 광주 시민들에게 '대표도서관'이라는 이름으로 기억되어 왔다. 1981년 개관한 광주 최초의 시립도서관이자, 2010년 광주광역시 대표도서관으로 지정된 이후에는 공공도서관 정책의 중심 기관으로 기능해 왔다. 대표도서관이란 단순히 장서 규모가 크거나 이용자가 많은 도서관을 뜻하지 않는다. 지역 도서관 정책을 설계하고, 자료와 서비스를 조정하며, 작은도서관과 학교도서관, 공공도서관을 연결하는 컨트롤타워 역할을 수행하는 핵심 공공기관을 의미한다.

그러나 지금의 무등도서관은 이러한 법적·행정적 지위에

비해 현실의 여건이 충분히 뒷받침되고 있다고 보기는 어렵다. 연면적 약 9천㎡ 규모의 건물, 노후화된 구조, 제한적인 프로그램 공간은 이미 시민들의 다양한 학습·문화 수요를 감당하기에 빠듯한 상태다. 디지털 자료 열람과 제작, 시민 연구 모임, 청소년 창작 활동, 지역 기록 아카이브와 같은 현대 도서관의 필수 기능을 담기에는 구조적으로 협소하다. 대표도서관이라는 이름은 유지되고 있지만, 실제 기능은 '대형 동네 도서관' 수준에 머물러 있다는 평가가 나오는 이유다.

여기에 더해, 광주 대표도서관 정책을 둘러싼 구조적 불안은 이미 한 차례 큰 사건으로 드러난 바 있다. 광주시는 새로운 광역 대표도서관 건립을 추진해 왔고, 그 과정에서 건설현장 붕괴사고라는 중대한 안전사고가 발생했다. 공공문화시설 건립 과정에서의 안전 문제는 단순한 공사 관리의 실패를 넘어, 행정의 책임성과 공공시설 정책 전반에 대한 신뢰를 흔드는 사건이었다. 이 사고 이후 대표도서관 건립 일정은 차질을 빚었고, 광주의 도서관 정책은 한동안 공백과 불확실성의 시간이 장기화할 상황에 있다.

하지만 더 중요한 문제는, 대표도서관이 정상적으로 완공

될 경우 무등도서관의 지위가 어떻게 바뀔 것인가에 대한 사회적 논의가 거의 이루어지지 않고 있다는 점이다. 새 대표도서관이 공식 개관하게 되면, 무등도서관은 현재의 '광주대표도서관' 지위를 유지하기 어렵게 된다. 행정 체계상 대표도서관은 하나로 지정되기 때문이다. 다시 말해 무등도서관은 머지않아 '대표도서관에서 일반 시립도서관으로' 위상이 전환될 가능성이 매우 크다. 이는 단지 명칭의 변화가 아니라, 예산 배분 구조, 정책 권한, 기능 배치 전반에 영향을 미치는 중대한 변화다.

이 변화가 아무 준비 없이 맞이된다면, 무등도서관은 시설 노후화와 기능 축소, 이용자 감소라는 악순환에 빠질 가능성도 배제할 수 없다. 대표도서관이라는 상징성과 정책적 보호막이 사라질 경우, 우산동과 북구 주민들이 누려온 문화적 접근성과 서비스 수준이 후퇴할 위험도 함께 커진다. 그렇기 때문에 무등도서관의 미래는 더 이상 도서관 내부의 행정 문제가 아니라, 북구 전체가 함께 논의해야 할 핵심 생활 의제가 되어야 한다.

무등도서관이 위치한 우산동은 물론, 인접한 문흥동, 오치동, 문화동, 두암동까지 포함하면 무등도서관을 일상적으로 이용하는 생활권 인구는 상당한 규모에 이른다. 이 지역의 주민들에게 무등도서관은 단순한 문화시설이 아니라, 일상 속에서 가장 접근하기 쉬운 공공학습 공간이자 공동체적 만남의 장소다. 아이들은 이곳에서 공부 습관을 만들고, 어르신들은 하루의 리듬을 유지하며, 가족들은 공원과 도서관을 오가는 생활 동선을 통해 자연스럽게 문화와 휴식을 접한다. 이러한 경험의 축적은 통계로는 잡히지 않지만, 도시의 삶의 질을 결정하는 중요한 요소다.

이제 중요한 질문은, 무등도서관이 대표도서관 지위를 내려놓게 되는 시점 이후에 어떤 정체성을 가질 것인가이다. 만약 아무런 전략 없이 기존 기능만 유지하는 수준에 머문다면, 무등도서관은 점차 주변 신축 도서관이나 복합문화시설에 이용자를 빼앗기며 지역 문화의 중심지 역할을 잃을 가능성이 높다. 반대로 지금부터 무등도서관의 역할을 '북구 생활문화 거점 도서관'으로 재정의하고, 지역 주민 참여를 기반으로 한 운영 모델을 구축한다면, 대표도서관이 아니더라도 충분히 강력한 지역 문화 플랫폼으로 성장할 수 있다.

이를 위해 가장 먼저 논의되어야 할 것은 도서관 거버넌스의 확장이다. 현재 대부분의 공공도서관은 도서관운영위원회를 통해 제한적인 자문 구조를 갖고 있다. 그러나 무등도서관이 북구 생활문화의 중심 거점으로 발전하기 위해서는, 도서관운영위원회를 넘어 '인근 마을 운영위원회' 성격의 주민 참여 구조로 확장될 필요가 있다. 우산동, 문흥동, 오치동, 문화동, 두암동 주민자치회와 지역 시민단체, 학교, 청소년·노인단체 등이 참여하는 협력 구조를 공식화해, 프로그램 기획과 공간 활용, 지역 기록 사업, 생활문화 프로젝트를 공동으로 설계하는 체계를 만들어야 한다.

예를 들어, 주민들이 직접 참여하는 마을 기록 아카이브, 동별 독서·토론 네트워크, 세대 통합 문화 프로그램, 생활 기술 공유 워크숍, 지역 정책 토론회 등이 도서관을 중심으로 정기적으로 운영될 수 있다. 이렇게 되면 도서관은 단순한 서비스 제공 기관이 아니라, 주민 스스로가 콘텐츠를 생산하고 공동체 역량을 키워가는 플랫폼으로 전환된다. 이는 단순히 예산을 늘리는 방식이 아니라, 기존 공간과 인적 자원을 최대한 활용하면서 도서관의 사회적 가치를 확장하는 전략이기도 하다.

더 나아가 무등도서관은 북구의 마을자치 정책, 도시재생 정책, 평생학습 정책과도 구조적으로 결합될 수 있다. 주민연구 모임, 생활 정책 실험, 지역 의제 발굴 과정이 도서관을 중심으로 이루어진다면, 도서관은 행정과 주민을 잇는 실질적 소통 거점으로 기능하게 된다. 이는 형식적인 주민설명회나 일회성 공청회를 넘어, 상시적 시민 참여 구조를 만드는 데 매우 효과적인 방식이다. 주민자치와 아름다운 마을만들기, 주민참여예산제 등의 자치활동의 성과를 가장 잘 아카이빙할 수 있고, 연구를 전문적으로 할 수 있는 기관이 북구에서 어디이겠는가? 바로 무등도서관이다.

결국 무등도서관의 문제는 건물 하나의 유지 여부가 아니라, 북구가 어떤 문화도시 전략을 선택할 것인가라는 질문과 직결되어 있다. 대표도서관이라는 지위는 언젠가 다른 시설로 이전될 수 있지만, 생활문화 거점으로서의 도서관 역할은 주민의 선택과 정책의 방향에 따라 얼마든지 더 강해질 수 있다. 그렇기 때문에 무등도서관의 미래는 지금 이 시점부터 주민들의 핵심 의제, 북구의 핵심 정책 의제로 다뤄져야 한다.

도서관은 도시의 속도를 조절하는 공간이다. 경쟁과 소비의 논리에서 잠시 벗어나, 생각하고 배우고 만나는 시간을 허락하는 가장 민주적인 공공장소다. 우산근린공원 안에 있는 무등도서관이 앞으로도 북구 주민들의 삶을 지탱하는 문화적 심장으로 기능하기 위해서는, 이제 '유지'가 아니라 '전환'을 논의해야 할 시점이다. 대표도서관 이후를 준비하는 정책적 상상력, 그리고 주민 참여를 전제로 한 운영 구조 개편이 지금 이 자리에서 시작되어야 한다. 그것이 무등도서관을 지키는 길이자, 북구의 문화 경쟁력을 키우는 가장 현실적인 전략이다.

주민자치의 심장, 도서관이 도시를 바꾼다

나는 도서관이 단순히 책을 보관하는 건물로 머무는 시대는 이미 끝났다고 본다. 더 나아가 이제는 책을 읽기만 하는 도시에서, 책을 쓰고 만들어내는 도시로 전환해야 할 시점이라고 생각한다. 도서관은 주민의 삶과 일상 속에서 민주적 자치와 문화적 에너지가 모이는 심장이자, 지역의 지식과 경험이 기록과 출판으로 이어지는 생산 거점이 되어야 한다.

북구마을자치도시재생센터 대표이사로서, 또 국회의원 정책보좌관과 당 정책실장으로 일했던 경험 속에서 나는 오랫동안 광주가 가져야 할 독창적인 자치·문화 모델을 고민해왔다. 그 중심에는 언제나 "도서관을 도시 자치와 지식 생산의 앵커로 삼자"는 생각이 있었다. 이제는 북구 주민들과 함께 이 구상을 제도적 전환으로 풀어낼 때라고 생각한다.

세계 여러 도시는 이미 도서관을 도시 혁신의 중심에 세워왔다. 헬싱키의 오오디 중앙도서관은 시민의 거실이 되었고, 덴마크 아르후스의 도크원은 항만 재생의 심장으로 기능한다. 네덜란드 틸뷔르흐의 로크할은 폐공장을 도서관과 창업·예술 공간으로 탈바꿈시켰고, 시애틀 중앙도서관은 도심 회복의 상징 건축물이 되었다. 싱가포르 브라스바사-부기스 지구는 도서관과 박물관, 아트스쿨, 디자인센터를 집적해 문화와 상권이 어우러지는 복합 클러스터를 만들어냈다. 이 사례들의 공통점은 분명하다. 도서관을 소비 공간이 아니라 창작과 학습, 시민 참여가 동시에 일어나는 플랫폼으로 설계했다는 점이다.

광주 북구의 현실은 어떨까. 북구에는 중흥·일곡·운암·양산·신용 등 다섯 개의 구립도서관이 있고, 광주시립 무등도서관과 광주문학관이 함께 자리하고 있으며, 공립과 사립을 포함해 90여 개의 작은도서관이 생활권 곳곳에 분포해 있다. 여기에 광주역, 첨단산단, 북구청에 설치된 무인 스마트도서관까지 더하면 접근성은 매우 높은 편이다. 양적 인프라는 이미 충분하다. 그러나 이 도서관들이 주민의 삶과 지역 문제, 창작과 기록, 정책 제안과 연구로 이어지는 구조를 만들고 있는지는 솔직히 말해 부족하다. 지금의 도서관은 여전히 '읽는 공간'에 머무는 경우가 많고, 주민의 경험과 지식이 사회적 기록과 출판으로 연결되는 구조는 거의 만들어지지 않았다.

나는 북구가 이제 '책을 소비하는 도시'에서 '책을 생산하는 도시'로 도약해야 한다고 본다. 주민들이 강연을 듣고 프로그램에 참여하는 데서 멈추는 것이 아니라, 자신의 삶과 동네 이야기를 기록하고, 연구하고, 글로 쓰고, 그것이 출판과 전시, 정책 제안으로 이어지는 구조가 필요하다. 마을 역사 기록, 생활사 아카이브, 청소년 지역연구, 이주민 구술사, 골목 산업 백서 같은 작업이 도서관을 거점으로 이루어진다면, 도서관은 지역 지식 공장이 된다. 주민자치의 힘은 바로 이 지점에 모아져야 한다. 회의와 민원에 머무는 자치가 아니라, 기록과 연구, 집단 학습을 통해 스스로 정책을 만들어내는 자치로 발전해야 한다.

이 전환을 상징하는 도시 브랜드도 필요하다. 나는 북구가 '책도시'라는 개념을 넘어, 예를 들면 '북구 라이브러리 시티', '북구 리라이트 시티(Re-write City)', '북구 스토리팩토리 시티', 또는 한국어로는 '쓰는 도시 북구', '이야기 생산도시 북구', '생활지식도시 북구' 같은 브랜드를 전략적으로 검토할 필요가 있다고 본다. 이는 단순한 슬로건이 아니라 정책 방향을 집약하는 언어다. 도서관이 주민의 삶을 기록하고, 그 기록이 다시 정책과 문화상품, 관광 콘텐츠로 확장되는 구조를 상징하는 이름이 필요하다.

하지만 이런 전환은 기존 운영 구조로는 어렵다. 현재 북구 구립도서관 다수는 북구시설관리공단에 위탁되어 운영되고 있다. 공단은 시설 유지와 인력 관리 측면에서는 안정적일 수 있으나, 본질적으로 문화기획 조직이 아니다. 지역 연구, 출판, 창작 네트워크, 대학 연계 프로그램을 지속적으로 설계하고 확장하는 역할을 수행하기에는 구조적으로 한계가 있다. 광주시 전체로 보아도 직영, 공단 위탁, 민간 위탁이 혼재된 체계 속에서 사서 인력은 분절적으로 배치되어 있고, 장기적인 도서관 발전 전략을 통합적으로 설계하는 컨트롤타워는 부재한 상황이다.

서울의 사례는 우리에게 분명한 교훈을 준다. 서울은 공공도서관의 거의 전부를 위탁 운영하고 있는데, 그 결과 사서 처우 악화와 프로그램 단절 문제가 사회적 논쟁이 되었다. 위탁이 곧 효율이라는 논리는 현실에서 무너졌다. 반면 성북구,

서초구, 화성시 등은 문화재단 또는 별도 재단을 통해 도서관을 통합 운영하면서, 도서관을 지역 문화정책의 핵심 거점으로 발전시켜 왔다. 이들 지역에서는 독서 프로그램을 넘어 지역 연구, 시민 기록, 청소년 프로젝트, 지역 출판으로까지 기능이 확장되고 있다.

그래서 나는 북구가 이제 공단 위탁 체제를 넘어 도서관 운영재단이라는 새로운 중간지원조직 모델로 전환해야 한다고 본다. 이 재단은 단순한 관리 조직이 아니라 주민자치와 교육, 연구와 창작을 연결하는 정책 플랫폼이 되어야 한다. 사서 인력을 재단 소속 전문직으로 안정적으로 관리하고, 지역 대학 도서관과 상호대차와 공동 강좌, 연구 프로젝트를 연계하며, 주민 연구모임과 출판 지원 프로그램을 상시적으로 운영해야 한다. 도서관이 지역의 '학습 인프라'이자 '지식 생산 인프라'가 되는 구조다.

주민자치 구조 역시 함께 바뀌어야 한다. 주민자치위원회 구성에 도서관운영위원장, 인근 학교장, 대학도서관장을 당연직으로 포함시키는 방안은 단순한 형식 개선이 아니라 정책 구조 개편이다. 이렇게 되면 주민자치는 생활 민원 중심

구조에서 교육과 연구, 문화와 복지를 포괄하는 전략 플랫폼으로 진화한다. 도서관에서 나온 연구와 기록이 주민자치 의제로 연결되고, 다시 구정 정책으로 반영되는 선순환 구조가 만들어진다.

도서관을 중심으로 한 생활권 플랫폼은 공간 구조에서도 확장될 수 있다. 도서관 내부에는 글쓰기 스튜디오, 팟캐스트실, 소형 출판 작업실, 시민 아카이브 공간이 들어설 수 있고, 인근 민간 건물은 마을출판사, 사회적기업, 예술 스튜디오, 게스트하우스로 전환될 수 있다. 광주문학관과 연계한 레지던시는 창작과 교육, 관광을 동시에 묶어내는 거점이 되고, 야외 공간은 북캠프와 북페스티벌, 시민 출판 박람회로 확장된다. 도서관은 더 이상 조용한 공간이 아니라, 지역 이야기가 만들어지고 유통되는 생산 현장이 된다.

이 모든 구조를 지속 가능하게 만들기 위해서도 재단 운영은 필수적이다. 재단 이사회에는 주민 대표, 교육계, 문화예술계, 상권 대표, 청년 조직이 함께 참여해 방향을 공유한다. 재원 역시 공공예산에만 의존하지 않고 출판 사업, 교육 프로그램, 문화행사, 공간 운영 수익, 민간 협력 사업비로 다각화

한다. 성과 평가는 대출 건수나 이용자 수를 넘어, 주민 창작 참여율, 출판 성과, 지역 연구 프로젝트 수, 정책 반영 사례까지 포함해야 한다.

북구는 이미 이런 실험을 시작할 수 있는 조건을 갖추고 있다. 무등도서관과 광주문학관, 그리고 인근 주거지와 상권이 결합된 동부권은 책도시 실험의 최적지다. 이곳에서 주민 기록과 출판, 연구와 창업, 문화와 관광이 결합된 모델이 만들어진다면, 북구는 대한민국에서 가장 먼저 '쓰는 도시' 모델을 실현한 지역이 될 수 있다.

나는 오래전부터 광주에는 건물 확충이 아니라 생활 기반 혁신이 필요하다고 말해왔다. 도서관을 중심으로 한 책도시 전략은 문화정책이면서 동시에 주민자치 정책이고, 교육 정책이면서 지역경제 정책이기도 하다. 도서관이 주민자치의 심장으로 뛰기 시작할 때, 북구는 단순히 책을 많이 읽는 도시가 아니라, 이야기를 만들어내고 미래를 설계하는 도시가 될 것이다. 이것이 지금 우리가 도서관을 다시 설계해야 하는 이유다.

우리 동네에 이런 공원 하나쯤 있었으면

— 우산근린공원을 북구명품공원으로

우산근린공원은 하루의 시작부터 저녁 무렵까지 쉼 없이 쓰이는 공간이다. 특히 이 공원의 주된 이용자는 어르신들이다. 아침이면 운동복 차림의 어르신들이 삼삼오오 모여 공원을 돌고, 오전과 오후에는 도서관과 체육시설, 산책로를 오가며 하루를 보낸다. 일주일 내내 반복되는 이 풍경은 우산근린공원이 이미 어르신들의 생활 공원이라는 사실을 말해 준다. 다만 이 공원은 많이 쓰이고 있음에도, 그 쓰임이 충분히 존중받고 설계되어 있는지는 다시 생각해 볼 필요가 있다.

공원 주변을 둘러보면 어르신들의 생활 동선이 비교적 분명하게 드러난다. 오래된 이발관과 미용실이 있고, 비교적 저렴하게 이용할 수 있는 병원도 있다. 공원에서 운동을 하고, 머리를 손질하고, 병원에 들르는 일상이 자연스럽게 이어진다. 이 점에서 우산근린공원 일대는 이미 어르신 생활권의 중심에 가깝다. 그러나 이 흐름은 어느 지점에서 끊긴다. 공원 인근에는 목욕과 세탁을 함께 해결할 수 있는 공간이 없고, 어르신들이 부담 없이 들러 간단한 생필품을 살 수 있는 '어르신 친화형 편의점'도 찾아보기 어렵다. 혼자 사는 어르신일수록 이 공백은 더 크게 다가온다.

여기에 또 하나의 사각지대가 있다. 바로 법률과 권리 문제다. 임대차, 상속, 채무, 기초생활보장, 연금과 같은 문제는 어르신들의 일상과 직결되어 있지만, 이를 편하게 상담할 수 있는 창구는 멀고 어렵다. 대부분은 어디에 물어봐야 할지조차 모른 채 혼자 고민하다가 문제를 키운다. 공원에서 하루를 보내는 어르신들에게 이런 상담과 지원이 자연스럽게 연결될 수 있다면, 공원은 단순한 여가 공간을 넘어 삶을 지탱하는 기반이 될 수 있다.

우산근린공원 안에는 무등도서관과 생활체육관, 수영장,

복지관이 모여 있다. 무등도서관은 1990년대 말 조성돼 오랜 시간 어르신들에게도 중요한 일상의 거점이었다. 신문을 읽고, 책을 고르고, 이웃과 안부를 나누는 공간이었다.

생활체육관과 수영장은 2010년 전후 '건물은 땅속으로, 공원은 시민에게'라는 지중화 설계로 만들어졌다. 도시공원법은 공원 내 건축물의 설치와 면적을 엄격히 제한하고 있지만, 당시 북구는 공원의 녹지를 지키면서도 필요한 복지·체육 기능을 담아내기 위해 지하 공간을 선택했다. 이는 법의 취지를 훼손하지 않으면서 공공성을 확장한 선택이었다.

하지만 그 이후, 공원 전체를 하나의 생활 시스템으로 묶어내는 단계까지는 나아가지 못했다. 지중화는 수단이었지, 전략으로 확장되지는 않았다. 그 결과 우산근린공원은 하루 종일 어르신들이 이용하고 있음에도, 야외 공간의 성격은 뚜렷하지 않다. 잠시 앉을 벤치는 있지만 머물며 이야기를 나눌 장소는 부족하고, 문화 활동이 자연스럽게 펼쳐질 수 있는 마당이나 프로그램은 거의 없다. 이용은 많지만 체류는 짧고, 공원에서의 하루는 늘 비슷한 장면으로 반복된다.

이 지점에서 우산근린공원을 다시 그려볼 필요가 있다. 더 많은 건물을 올리자는 이야기가 아니다. 도시공원법이 허용하는 범위 안에서, 이미 검증된 지중화 방식을 확장하고, 지상 공간을 어르신 중심의 생활·문화 마당으로 재구성하자는 제안이다. 예를 들어 무등도서관은 단순한 노후 보수가 아니라 전면 재구성이 필요하다. 지상은 공원으로 환원하고, 지하에는 무장애 동선을 갖춘 실버세대 전문 도서관과 전 세대가 함께 이용할 수 있는 열린 커뮤니티형 열람 공간을 배치할 수 있다. 여기에 소규모 강연과 낭독, 상담이 가능한 공간이 더해진다면 도서관은 다시 공원의 중심이 된다.

기존 건강·복지타운의 지하 공간에는 300명에서 500명 규모의 문화공연 전용홀과 전시·체험 공간을 확장 배치할 수 있다. 지상에는 선큰광장을 중심으로 한 열린 마당을 조성해, 어르신 문화 프로그램과 소규모 공연, 동아리 활동이 자연스럽게 펼쳐지도록 만드는 방식이다. 이는 공원 위에서는 자연과 휴식을, 공원 아래에서는 문화와 돌봄을 담아내는 구조다.

재설정도시연구소가 구상한 정책 역시 이 방향과 맞닿아 있다. 그는 우산근린공원을 중심으로 '실버 생활지원 플랫폼'

을 구축하자는 제안을 해왔다. 공원 인근에 어르신들이 저렴하게 이용할 수 있는 목욕·세탁 기능을 갖춘 생활편의 시설, 어르신 친화형 소규모 편의점을 유도하고, 공원 내부에는 법률·복지·권리 상담을 원스톱으로 연결하는 상담 플랫폼을 두자는 구상이다. 공원이 단지 쉬는 곳이 아니라, 어르신의 삶을 실제로 받쳐주는 공간이 되도록 하자는 제안이다.

우산근린공원의 입지는 이러한 변화에 충분한 조건을 갖추고 있다. 말바우시장과 우산동, 문흥동, 오치동, 문화동, 각화동, 두암동 등으로 이어지는 생활권의 중심에 자리해 있기 때문이다. 공원에서의 산책과 문화 활동이 시장과 골목으로 이어지고, 다시 일상의 소비와 만남으로 확장되는 구조는 충분히 현실적이다.

공원은 도시가 주민을 어떻게 대하는지를 가장 솔직하게 보여주는 공간이다. 우산근린공원은 이미 어르신들의 삶을 하루 종일 품고 있다. 이제 필요한 것은 그 사실을 인정하고, 설계와 정책으로 뒷받침하는 일이다. 어르신이 주인공이 되는 공원, 동시에 다른 세대가 자연스럽게 섞여드는 공원. 광주를 대표해도 손색없는 공원 말이다.

우리 동네에 이런 공원 하나쯤 있었으면 좋겠다.

이 말이 더 이상 막연한 바람으로만 남지 않기를 바란다.

이제는 정말, 우산근린공원을 북구의 명품공원으로 만들 때다.

미룰수록 손해다,
말바우 태양광은 지금이 적기다

전통시장에서 '지원'이 체감되기 위해서는 분명한 조건이 있다. 한 번 받고 끝나는 혜택이 아니라, 매달 반복되는 부담을 실질적으로 줄여주는 구조여야 한다는 점이다. 상인들이 가장 크게 느끼는 고정비는 전기요금이다. 냉난방과 조명, 각종 공용 설비는 계절이나 매출과 관계없이 늘 가동되고, 전기요금 고지서는 어김없이 돌아온다. 이런 이유로 전통시장 정책은 이제 시설을 더 짓는 데서 멈추지 않고, 운영비 구조를 어떻게 바꿀 것인가라는 질문으로 나아가야 한다.

이런 관점에서 보면 말바우시장은 지금 비교적 드물게 여러 조건이 동시에 갖춰진 상황에 놓여 있다. 하루 평균 2만7

천여 명이 찾는 광주의 대표 전통시장이지만, 그동안 주차 공간 부족은 상인과 시민 모두에게 반복된 불편이었다. 이를 해결하기 위해 북구는 2018년부터 총사업비 180억 원을 투입해 말바우시장 제3주차장을 조성했다. 1만541㎡ 부지에 주차면 268면, 전기차 충전시설, 공중화장실, 공연무대를 갖춘 이 공간은 제1·제2주차장까지 포함해 총 392면의 주차 여건을 마련하며 오랜 숙원이던 주차난을 상당 부분 해소했다.

주차장이 완성된 지금, 자연스럽게 다음 질문이 뒤따른다. 이 공간을 주차 기능에만 사용하는 것이 과연 최선일까. 필자는 지난 12월 19일 상인회장과 함께 주차장과 공중화장실, 상설무대, 보이는 라디오 방송국, 쌈지공원 등 주요 시설을 직접 둘러보았다. 현장에서 공유된 문제의식은 비교적 분명했다. 시설은 눈에 띄게 개선됐지만, 그 시설이 시장 운영비 절감이나 미래 변화에 대응하는 방향으로 충분히 활용되고 있는지는 다시 점검할 필요가 있다는 점이었다. 공간은 마련됐지만, 그것을 어떻게 지속 가능하게 작동시키느냐에 대한 정책적 연결은 아직 더 고민이 필요한 단계로 보였다.

이 과정에서 제시된 대안이 주차장 태양광이다. 말바우시장 태양광은 환경을 상징하는 장치라기보다 시장 운영비 부담을 완화할 수 있는 현실적인 수단에 가깝다. 특히 제3주차장과 같은 공공 주차장은 구조적으로 태양광 설치에 유리하고, 조성 시점과 정책 환경을 고려하더라도 사업을 검토하기에 성숙한 조건을 갖추고 있다.

주차장 상부에 설치되는 캐노피형 태양광은 여름철 그늘과 비가림이라는 이용자 편익을 제공하는 동시에, 생산된 전력을 주차장과 시장의 공용전기(조명·설비)에 직접 활용할 수 있다. 이 경우 전기요금 절감 효과는 비교적 빠르게 나타난다. 아케이드 상부 역시 공용전력 사용처와 맞물려 있어, 대규모 추가 공사 없이도 운영비 절감 효과를 기대할 수 있다. 이런 점에서 말바우시장 태양광은 광주 전통시장에 적용 가능한 하나의 현실적인 모델로 평가할 수 있다.

이러한 접근이 결코 말바우만의 구상에 머무르지 않는다는 점은 다른 지역 사례에서도 확인된다. 강원 고성의 간성전통시장은 한국에너지공단이 추진한 '선(善, Sun)한 전통시장 만들기' 사업을 통해 태양광 설비를 설치해 공용전기에 활용하고 있으며, 경기도 파주의 금촌통일시장 역시 태양광 설비로 연간 수백만 원의 전기요금 절감을 기대하고 있다. 이들

사례가 보여주는 공통점은 분명하다. 태양광은 환경을 상징하는 장식물이 아니라, 전통시장의 고정비 구조를 개선하는 실질적인 수단으로 작동할 수 있다는 점이다.

정책 환경 또한 이를 뒷받침한다. 2026년을 앞둔 정부 예산 기조는 재생에너지 확산과 분산전원 확대에 무게를 두고 있으며, 전통시장 태양광 보급 지원 역시 강화되는 흐름에 있다. 지금 추진할 경우 제도와 재정을 함께 활용할 수 있지만, 시기를 놓칠 경우 검토만 반복되다 기회를 흘려보낼 가능성도 있다.

말바우 태양광을 '햇살연금'이라 부르는 이유도 여기에 있다. 연금은 반드시 현금 지급일 필요는 없다. 매달 빠져나가던 비용을 줄이는 구조가 만들어진다면, 그것 또한 시장의 미래를 지탱하는 자산이 된다. 말바우시장 제3주차장은 이미 완성됐다. 이제 남은 과제는 선택이 아니라 실행의 시점이다. 준비된 조건을 활용할 수 있는 지금이, 가장 합리적인 타이밍이다.

청년이 떠나지 않는 북구, 어떻게 만들 것인가

광주광역시 북구는 지금 심각한 도전에 직면해 있다. 인구 40만 명 규모의 도시로 성장했던 북구가 최근 들어서는 청년층 유출이라는 큰 파도를 맞고 있다. 통계청 수치에 따르면 광주 전체에서 청년 인구 감소는 뚜렷하며, 이는 단순한 숫자의 문제가 아니라 도시의 활력과 미래 성장 동력이 사라지는 현상으로 이어진다.

북구 역시 예외가 아니다. 청년들이 떠나는 이유는 분명하다. 일할 곳이 마땅치 않고, 집값은 비싸며, 마음을 기대고 연결될 관계망이 부족하기 때문이다. 결국 삶의 기본 조건이 채워지지 않으니 청년들은 북구를 스쳐 지나가고 더 나은 기회를 찾아 수도권이나 다른 도시로 향한다.

이제는 변화가 필요하다. 북구는 청년의 삶을 부분적으로가 아니라 통합적으로 바라보아야 한다. 단순히 일자리 몇 개를 늘리는 것으로는 부족하다. 주거, 건강, 문화, 참여까지 청년의 생활 전반을 아우르는 정책이 필요하다. 이러한 문제의식 속에서 제안되는 것이 바로 '북구형 정책대안 패키지'다. 복잡해 보일 수 있지만 사실 중학생도 이해할 만큼 쉽다. 청년센터를 동네 편의점처럼 만들고, 보증금 없는 자취방을 제공하며, 게임 스타터팩 같은 창업 지원을 펼친다는 비유는 정책의 본질을 잘 드러낸다.

예를 들어 생활권 단위의 청년센터는 이미 있는 도서관, 주민센터, 도시재생 거점을 리모델링해 운영하면 된다. 새로운 건물을 지을 필요도 없고, 각 권역마다 청년 코디네이터를 두어 상담, 취업 연계, 멘토링을 제공하면 된다. 청년들이 방값 걱정 없이 머무를 수 있도록 보증금을 없애고, 냉장고와 와이파이 같은 기본 생활 키트를 제공하는 주거 지원 제도도 가능하다. 이미 서울이나 부산 같은 대도시에서 유사한 제도가 운영 중이고, 상대적으로 집값이 저렴한 북구에서는 더 큰 체감효과를 낼 수 있다. 단, 거주 기간이나 지역 활동과 연계하는 조건을 붙여야 지원이 단발성으로 끝나지 않고 정착으로 이어진다.

마음 건강을 위한 '활동으로 받는 약', 즉 소셜프리스크립션은 영국과 핀란드에서 활발히 시행 중이다. 병원에서 약을 처방하듯 북구는 독서 모임, 걷기 모임, 봉사활동 쿠폰을 처방할 수 있다. 청년들이 활동에 참여하면 소정의 마일리지를 지급해 생활에 활력을 불어넣는 것이다. 또한 전남대학교와 광주과학기술원 등 지역 연구기관과 연계해 2주에서 8주 정도의 짧고 굵은 인턴십을 제도화한다면 청년들은 다양한 경험을 통해 자기 길을 찾을 수 있다. 인턴십의 질을 보장하고 안전망을 마련하는 제도적 뒷받침이 함께 필요하다.

정책 결정 구조에도 청년을 직접 참여시켜야 한다. 예산 일부를 청년 전용으로 배정하고 아이디어 제안과 투표를 통해 사업을 결정하는 청년참여예산제는 충분히 가능하다. 이미 주민참여예산제도가 운영되고 있으니 일부를 청년 몫으로 떼어내면 된다. 중요한 것은 보여주기식이 아니라 실제로 청년 제안이 예산에 반영되고 집행되는 경험을 주는 것이다. 여기에 더해 청년 생활지표를 데이터로 공개하는 것도 중요하다. 월세 부담률, 취업률, 고립감 같은 지표를 게임 점수판

처럼 공개하면 정책의 성과를 누구나 확인할 수 있고, 행정은 실험적으로 조정할 수 있다. 초기 구축비용이 들지만 유지비는 크지 않고 효과는 크다.

북구 청년들이 매주 한 번쯤은 숲이나 바다로 가서 공부와 일을 병행할 수 있다면 어떨까. 타 지자체와 협력해 숙박·교통 바우처를 제공하는 '브릿지빌 워케이션' 모델은 번아웃을 겪는 청년들에게 큰 힘이 될 수 있다. 외부 자원과 연계하기 때문에 북구 재정 부담도 크지 않다. 마지막으로 창업과 프리랜서를 시작하는 청년에게는 스타터팩이 필요하다. 회계, 법률, 홍보 지원과 최소한의 소득 보전, 공유 오피스를 묶어 제공하면 맨손 출발의 불안정을 크게 덜 수 있다. 서울이나 부산의 청년 창업센터 사례가 이미 증명하고 있으며, 북구 역시 유휴 공간을 활용하면 충분히 실행 가능하다.

그런데 여기서 풀어야 할 과제가 하나 더 있다. 청년정책은 때로 지역사회와 따로 노는 느낌을 주고, 다른 세대의 고민과 형평성 문제를 불러일으킨다. 노인은 일자리와 돌봄을 고민하고, 중년은 가계와 교육비에 허덕인다. 이런 상황에서 청년 정책은 때로 '특혜'로 오해받는다. 또 예산 문제도 있다. 한정된 지방재정 속에서 청년만을 위한 사업에 돈을 쓰는 것이 과연 옳은가라는 반발이 뒤따른다. 이렇다 보니 청년정책은 종종 복지 개념이나 취업 대책으로만 국한되고, 삶 전반을 다루려는 시도는 쉽게 동력을 잃는다.

따라서 청년정책을 '세대 특혜'가 아니라 '도시 전체의 투자'라는 관점으로 바꿔야 한다. 청년은 단지 한 세대가 아니라 앞으로 지역을 지탱하고 성장시킬 주체다. 청년이 살기 좋은 도시는 결과적으로 노인에게도 편하고, 아이들에게도 유리하다. 예컨대 보증금 없는 주거 지원은 청년뿐 아니라 신혼부부, 이주민, 은퇴 후 홀로 사는 노인에게도 도움이 될 수 있다. 소셜프리스크립션은 청년의 고립 문제를 해결할 뿐 아니라, 세대 간 교류 프로그램으로 확장하면 어르신의 고독사 예방에도 기여한다. 결국 청년정책은 따로 노는 것이 아니라 지역 전체 복지의 확장판이 되어야 한다.

이 과제를 풀기 위한 제도적 장치도 필요하다. 청년정책위원회에 다른 세대 대표를 참여시켜 균형을 맞추고, 참여예산제를 통해 예산의 투명성을 확보해야 한다. 청년 관련 예산이 어떻게 쓰이고 어떤 효과를 냈는지 주민 누구나 확인할 수 있어야 한다. 성과평가 지표도 청년 개인의 만족도뿐 아니라 지역공동체 전체의 변화까지 포함해야 한다. 청년 창업이 늘면서 지역 상권 매출이 함께 증가했다면, 이는 청년만을 위한 정책이 아니라 지역경제 전체의 성과가 된다.

또한 청년정책이 여전히 '복지'나 '취업'에 갇혀 있다는 한계도 넘어야 한다. 집을 구하고 일자리를 찾는 것은 가장 시급한 과제이지만, 그것만으로는 청년들이 머무르지 않는다. 문화, 관계망, 자기계발, 참여 기회가 있어야 한다. 취업과 복지를 넘어 '삶의 질 정책'으로 확장해야 한다는 뜻이다. 청년센터가 단순 구직 알선만 하는 곳이 아니라 동아리 활동, 마을 프로젝트, 국제 교류까지 연결된다면 청년들은 이곳에서 '사는 재미'를 발견할 수 있다.

현실적인 방안은 명확하다. 북구가 할 일은 청년정책을 통합 생활 패키지로 설계하고, 이를 지역사회와 공유하는 것이다. 세대 간 형평성 논란을 피하려면 청년을 위한 제도를 다른 세대와 연결할 수 있는 통로를 열어야 한다. 청년 주거 지원은 전체 공공주택 정책의 일부로, 소셜프리스크립션은 마을복지 프로그램으로, 청년참여예산은 전체 주민참여예산의 특화 분야로 자리매김해야 한다. 이렇게 하면 청년정책은 더 이상 따로 노는 정책이 아니라 지역정책의 핵심 축으로 자연스럽게 녹아들 수 있다.

결국 청년정책은 선택이 아니라 필수다. 그러나 그것은 청년만을 위한 정책이 아니라 도시의 미래를 위한 투자이자 모든 세대를 위한 기반이어야 한다. 청년이 떠나지 않는 북구를 만든다는 것은 곧 누구도 소외되지 않는 북구를 만드는 일과 다르지 않다. 문제는 구호가 아니라 실행이다. 예산의 우선순위를 명확히 하고, 세대 간 이해를 조율하며, 성과를 투명하게 공개하는 제도적 장치를 마련한다면, 청년정책은 갈등의 씨앗이 아니라 연대의 발판이 될 것이다. 편의점처럼 친근한 청년센터, 보증금 없는 방, 활동으로 받는 약, 점수판 같은 데이터, 스타터팩 같은 창업 지원. 이 작은 변화들이 모여 청년의 하루를 바꾸고, 결국 북구의 미래를 바꾸게 될 것이다.

북구 실버케어시티

– 일상이 곧 복지인 노인케어도시로

광주는 곧 초고령사회에 들어선다. 통계청에 따르면 대한민국은 2025년 65세 이상 인구가 20%를 넘어섰고, 북구 역시 예외가 아니다. 노인성 질환으로 요양병원이나 요양원에 들어가는 이웃이 늘지만, 현실은 녹록지 않다. 침대에 누운 채 하루를 보내는 수동적 생활, 가족과 단절된 외로움, 민간 위탁 시설에 의존한 말년이 여전히 흔하다. 국가와 지자체는 건강보험·요양보험 일부 지원에 머물고, 법적 규제나 서비스 표준은 미비하다. 이용자의 권리와 존엄을 지키는 체계는 아직 부족하다.

광주 남구 노대동의 빛고을노인건강타운은 이런 한계를

일정 부분 극복한 사례다. 복지관·문화관·체육시설·야외 게이트볼장 등을 갖춘 이곳은 하루 이용객 4천 명, 회원 수 7만 명에 달하며 '노인 여가문화의 메카'로 불린다. AI 기반 건강 모니터링, 무인발권, 실내 정원, 경력형 일자리 프로그램 등 혁신적 운영도 돋보인다. 전국에서 벤치마킹 대상이 될 만큼 성과를 거둔 것도 사실이다.

그러나 빛고을타운 역시 생활과 복지가 분리된 구조라는 한계를 안고 있다. 이용 시간에만 머무는 공간, 주거와 돌봄이 분리된 시스템은 '다녀오는' 모델일 뿐 '그 안에서 살아가는' 구조가 아니다. 이제는 그 공간이 곧 생활이자 복지이며, 일자리·문화·체육·여가가 융합된 공공형 노인케어도시로 발전해야 한다.

나는 이를 '북구 실버케어시티'라 부르고 싶다. 무등산과 인접한 입지를 살려, 실버타운·요양원·요양병원을 기능별로 분리한 3동 이상의 단지를 조성하고, 각 단지를 실버 맞춤형 치유정원으로 연결한다. 건강한 은퇴자, 경증 질환자, 중증 요양환자가 각각 맞춤형 공간에서 생활하도록 설계하며, 온돌형·침대형 병실, 문화센터, 산책로, 가족 숙소까지 갖춘다.

치료와 돌봄을 넘어 일상 속 활동과 여가를 보장하는 것이 핵심이다.

여기에 원스톱 노년 복지 시스템을 결합한다. 건강검진, 상속·증여·세무·법률 상담, 보장구 안내, 장례 서비스, 행정복지센터 기능을 한곳에서 제공하며, 요양보호사 파견·재활·치료 프로그램도 상시 운영한다. 작은 도서관 하나에도 큰글씨책과 돋보기 같은 세심함이 필요하다. 흩어진 보장구 산업을 모아 '보장구 단지'를 만들고, 체험형 매장과 제조업체를 유치해 고령친화산업을 육성한다. 단지 내 공예·수공예 등 노인의 재능과 기술을 살린 활동을 통해 일자리를 만들고, 단순 수용이 아닌 '참여와 생산'의 공간으로 전환해야 한다.

무엇보다 중요한 것은 자율성과 존엄성이다. 실내 게이트볼장, 당구장, 노래방, 북카페 등 복합 커뮤니티 공간을 노인 특화형으로 설계하고, '실버문화센터'를 운영해 여가·학습·자산설계 교육을 지원한다. 가족이 머물 수 있는 체류형 면회 시설도 필수다. '버려지는 노인'이 아니라, 가족과 사회 속에서 존중받는 어르신으로서의 삶을 끝까지 유지할 수 있도록 해야 한다.

빛고을타운의 성과를 존중하되, 실버케어시티는 그 한계를 넘어야 한다. 광주시 조례로 '실버복지단지 지정제'를 도입하고 전국으로 확산한다면, 월 300만 원 이상에도 대기자가 넘치는 수도권 실버타운 현실 속에서 지방이 선도 모델이 될 수 있다. 민간 중심의 실버산업이 돈벌이로 변질되지 않도록, 공공형 모델이 그 브레이크가 되어야 한다.

부모와 이웃, 그리고 언젠가의 나 자신을 위해 마지막까지 인간답게 살 수 있는 도시를 만드는 것, 그것이 고령사회로 향하는 우리 지역이 준비해야 할 미래다. 지난 6일 광주를 방문한 정은경 보건복지부 장관은 "초고령화 사회를 맞아 돌봄이 필요한 국민이 살던 곳에서 건강한 생활을 영위하기 위해서는 지역사회 내에서 의료와 요양이 아우러진 통합돌봄이 필요하다"고 밝혔다. 그러나 '통합돌봄'에 머물러서는 '마지막까지 인간답게, 노년의 품격을 지키는 도시'는 반쪽에 불과하다. 실버케어시티가 그 해답이다.

평생교육이 바꾸는 북구의 일상

– 모두를 위한 배움, 모두가 만드는 도시

"배움은 끝나지 않는다."

평생학습이란 말이 이제는 낯설지 않다. 하지만 아직도 많은 이들에게 평생교육은 노인을 위한 취미활동, 공공기관에서 열리는 수강 프로그램 정도로만 인식된다. 과연 그것만이 전부일까? 우리가 묻고 싶은 질문은 이렇다. 배움은 누구를 위한 것인가? 지금 우리 지역에서 평생교육은 어떻게 기능하고 있는가?

대한민국은 이미 초고령사회에 진입했고, 지역소멸은 더 이상 추상이 아닌 현실이다. 고립된 노년, 소외된 중장년, 기회를 잃은 청년, 디지털 전환에서 배제된 세대들이 늘고 있다. 이런 위기의 시대에 평생교육은 단순한 프로그램이 아니라 삶의 권리를 보장하는 기반 시스템, 나아가 지방도시의 생존 전략이어야 한다.

2024년 기준, 대한민국 성인의 평생학습 참여율은 약 39.3%다. OECD 평균에 크게 못 미친다. 특히 고졸 이하, 60세 이상, 농산어촌 거주자일수록 참여율은 급격히 낮아진다. 광주광역시의 경우, 시 평생교육진흥원과 자치구별 평생학습관이 운영되고 있지만 여전히 지역 편차가 크고, 고령층과 장애인, 이주민의 접근성은 취약하다.

배움은 복지다. 글을 배우지 못한 어르신이 병원 예약 앱 하나 쓰지 못해 진료를 포기하고, 손주 숙제를 도와주고 싶어도 방법을 몰라 쩔쩔매는 중장년층, 디지털 기술에 뒤처진 청년과 자영업자들. 이 모두는 배움의 사각지대에 있다. 결국, 배움의 격차는 삶의 격차로 이어진다.

필자가 진행하는 광주시민방송의 생방송 프로그램 《정책 굽는 동네빵집 - 빵굿빵굿》에서 평생교육을 주제로 지역사회와 만남을 통해 얻은 이야기들은 많은 시사점을 줬다.

'그저 시간을 때우러 가는 줄 알았는데, 배운 뒤엔 내 이야기를 할 수 있게 되었소.' 이런 말은 평생교육이 존엄과 자존의 회복이라는 것을 증명한다. 우리는 강의를 듣는 것이 아니라 삶을 배우고, 스스로의 목소리를 갖는 것이다. 주민의 경험이 강의가 되고, 골목의 기술이 마을학교가 되며, 이웃이 선생이 되는 구조. 그것이 진짜 평생학습도시의 모습일 것이다.

광주 북구는 전국적으로 마을공동체와 도시재생이 가장 활발한 자치구 중 하나다. 북구가 다음 단계로 가야 할 길은 분명하다. 마을마다 배움의 물길을 터주는 것이다.

필자는 북구의 평생학습도시 전략을 '모두를 위한 길, 모두가 만드는 도시'라는 뜻을 담아 '모두路(모두로)'라는 이름으로 제안한다.

이 정책 브랜드는 필자가 직접 구상한 평생학습정책의 방향이며, 단순한 명칭이 아니라 접근성과 형평성, 공동체 회복과 일상 혁신이 결합된 전략 로드맵이다.

'모두路'의 세 가지 방향은 이렇다.

첫째, 배움의 접근성 확대다. 도서관, 복지관, 주민센터, 경로당, 공방 등을 학습허브로 재구성하고, 찾아가는 이동학습관을 운영한다. 교육 소외 계층도 문턱 없이 배움에 닿게 한다.

두 번째는 주민 주도 콘텐츠 설계다. 은퇴자, 이주민, 청년, 장인 등 지역민이 직접 강사로 참여하고, 마을 현안을 주제로 배우고 토론하며 실천으로 연결하는 프로그램을 운영한다.

세 번째는 생활과 일로 이어지는 배움이다. 커피 바리스타, 수공예, 스마트팜, 지역해설사, 디지털 마케팅 등 배움이 곧 일자리와 생활기술로 이어지도록 한다.

이러한 정책은 단지 수강신청표를 채우는 것이 아니라, 삶을 중심에 두고 기획된 배움의 순환구조를 만든다는 점에서 차별화된다.

행정이 만들기보다, 주민이 설계하는 교육정책으로

《정책굽는 동네빵집》 방송 과정을 통해 평생교육과 관련하여 정책적인 것의 철학은 '배움을 누가 짜주는 게 아니라, 주민이 원하는 프로그램을 스스로 만들 수 있게되는 수준에 이르게 해야 한다'는 점이다.

행정은 이제 단순한 공급자가 아닌 연결자, 촉진자, 플랫폼 설계자가 되어야 한다. 주민이 스스로 프로그램을 기획하고,

지역 강사와 공간을 매칭하며, 예산을 제안할 수 있는 구조. 바로 정책 민주주의의 실현이다.

북구는 이를 위해 동별 주민자치회, 작은도서관, 지역사회 단체와 연계해 마을 단위 평생학습 거버넌스를 구축할 수 있다. 이를 통해 주민이 정책을 만드는 사회, 배움이 일상을 바꾸는 도시로의 전환이 가능하다.

앞으로의 북구는 '배우는 도시, 함께 사는 도시'를 개념화해 이렇게 상상할 수 있다.

도서관에서는 동네 시인과 함께 시를 쓰고, 마을 카페에서는 은퇴 기술자가 후배들에게 목공을 가르치며, 골목에서는 이주민 엄마들이 함께 김치를 담그는 교육 모임을 연다. 이런 북구는 더 이상 배움의 수요만 있는 곳이 아니라, 배움을 생산하고 나누는 창의적 도시, 모두의 삶에 배움이 스며든 도시로 거듭날 것이다.

이 길의 이름이 '모두路', 바로 광주 북구가 걸어갈 새로운 배움의 여정이다.

‘노란병아리 정류장’에서 시작된 생활정치

정치는 거창한 구호보다 작은 생활 속 불편을 해결할 때 더 큰 울림을 만든다. 2015년 가을, 새정치민주연합이 시도한 실험적 프로젝트인 ‘국민예산마켓’은 그 상징적 장면을 보여줬다. 정당이 일방적으로 정책을 만드는 것이 아니라, 국민과 당원이 직접 예산 아이디어를 제안하고 이를 당이 매입해 국가 예산에 반영하겠다는 시도였다. 당시 전국에서 무려 2086건의 아이디어가 접수되었고, 10만4천여 명이 온라인 투표에 참여해 ‘국민이 선택한 16대 핵심예산’이 선정되었다.

그 과정에서 광주의 이름이 두 번 불렸다. 하나는 광주 서구갑 지역위원회의 장성준 부장이 제안한 ‘가정어린이집 보육교사 증원 예산’, 그리고 또 하나는 당시 새정치민주연합 광주시당 정책실장이던 내가 제안한 '어린이 전용 등하원 정류장(노란병아리 정류장)'이었다. 당시 나는 어린이들이 유치원과 어린이집을 오가며 이용하는 승하차 공간의 위험성에 주목했다. 어른들이 사용하는 버스정류장은 비바람을 피할 수 있는 시설과 도착 안내 시스템까지 갖추고 있지만, 정작 하루에도 수천 명의 아이들이 서 있는 등하원 정류장은 안전장치 하나 없는 상태였다. 작은 사고가 대형사고로 이어질 수 있는 사각지대였다.

내가 제안한 노란병아리 정류장은 단순히 구조물 하나를 설치하자는 발상이 아니었다. 어린이 교통안전을 공적 정책 차원에서 다뤄야 한다는 문제의식을 담은 것이었다. 아이들의 눈높이에 맞는 전용 정류장을 설치해 교통사고 위험을 줄이고, 안전하게 등하원할 수 있는 환경을 보장하자는 아이디어는 곧바로 시민과 당원들의 공감을 얻었다. 한겨레신문은 문재인 대표가 직접 이 제안을 '구매'하며 관심을 드러냈다고 보도했다. 이는 생활정치의 작은 제안이 국민의 손으로 선택되고, 정당의 공약과 국가 예산에까지 반영될 수 있다는 가능성을 보여준 사건이었다.

나는 당시 선정 소감을 통해 "어린이 교통안전 문제는 꾸준한 정책적 고민과 노력이 필요한 영역이라고 생각해 왔습니다. 이번에 국민예산마켓 10대 핵심예산에 선정됨으로써 우리 지역을 포함한 전국의 어린이들이 달라진 교통문화 속에 안심하고 등하원할 수 있는 가능성에 좀 더 가까워진 것 같아 다행입니다"라고 말했다. 이 발언은 생활정치의 지향, 즉 주민이 하루하루 부딪히는 문제에서 출발하는 정치의 본질을 확인하는 동시에, 지역에서 출발한 작은 제안이 전국으로 확산될 수 있다는 가능성을 담고 있었다.

'노란병아리 정류장'은 이후 비정규직 차별 해소, 소방관 처우 개선, 청년 구직 예산, 열차 와이파이 설치 등과 함께 당시 16대 핵심 예산 아이디어 중 하나로 기록되었다. 다른 제안들이 제도와 예산 구조를 다루는 큰 범주의 아이디어였다면, 나의 제안은 아이들의 안전이라는 가장 생활적이고 구체적인 주제였다. 당시에는 어린이 대상의 관련 정책이 과연 정당이 채택할 만한 사안인지 확신하기 어려웠지만, 눈·비 오는 날 등하원하는 아이들의 모습을 외면하지 않고, 성인들이 이용하는 버스정류장의 문제와 연결해 생각했기에 정책적 불꽃이 튀었던 것이다.

그로부터 10년이 지난 지금, 이 작은 제안은 실제 사회 곳곳에서 현실로 나타나고 있다. 2022년 도로교통공단·SK가스·한국교통안전공단이 협력해 서울·광주·원주 등 전국 10개 아파트 단지에 어린이 통학버스 전용 안심정류장을 설치한 것이 대표적 사례다. 이는 2021년 5곳에 이어 확대된 것으로, 단지 내 차양막과 안전 표지, 대기 공간을 갖춘 정류장이 조성되었다. 단순히 정류장만 설치한 것이 아니라, 주변 도로의 횡단보도 정비, 교통표지와 조명 보강, 차량 속도 저감 장치까지 병행되었다. 2019년 육아정책연구소 보고서 역시 "통학차량 승하차 지점의 안전시설 부재와 보행환경 미비"를 지적하며 전용 승하차 공간 확보와 보행환경 정비를 핵심 대안으로 제시한 바 있다.

기술적 장치의 도입도 늘고 있다. 특허청이 공개한 '어린이집 등하원 관리시스템'(KR20150062598A)은 어린이가 차량에 승하차할 때 보호자에게 즉시 알림이 가는 구조로, 차량 위치와 도착 시간을 실시간 제공한다. 이는 부모의 불안을 줄이고 사고 예방 효과를 높였다. 일부 지자체는 '어린이 통학버스 안심정류장 설치 조례'를 제정하거나 매년 예산을 편성해 안전 승하차 공간을 제도적으로 지원하기 시작했다.

물론 한계도 뚜렷하다. 전국적 통계가 없어 설치 규모와 효과를 종합적으로 파악하기 어렵고, 관리 주체가 불분명해 방치되는 사례도 있다. 정류장의 디자인과 규격이 제각각이어서 효과와 안전성이 들쭉날쭉하며, 예산 역시 단발성에 그치기 일쑤다. 앞으로는 전국 표준 설계 가이드라인을 마련하고, 중앙정부 차원의 안정적 예산 배정, 설치 후 성과 평가 체계화, 기술통합형 안전 시스템 확대가 필요하다.

돌이켜보면, 노란병아리 정류장은 단순한 시설 아이디어가 아니었다. 주민이 체감하는 작은 불편을 제도로 바꿔낸 생활정치의 상징이었다. 이후 전국 곳곳에 설치된 안심정류장과 관련 제도는 그 씨앗이 확산된 결과였다. 정치는 결국 주민의 삶과 맞닿아야 한다. 작은 아이디어가 세상을 바꿀 수 있다는 믿음을 증명한 사례가 바로 노란병아리 정류장이다. 오늘도 아이들이 안전하게 웃으며 등하원할 수 있는 길을 만드는 것, 그것이 정치가 존재하는 이유임을 이 사례는 다시 확인시켜 준다.

5

사소한 일상이 도시의 품격을 결정한다

- 사소한 일상이 도시의 품격을 결정한다
- 정치는 책임
- 국민을 열외시키지 마시라
- 주민들은 그냥 안다
- '안전속도 5030정책'의 본질
- 고위공직자 재선공개의 계절
- 탄소중립시대의 사회적 책임
- 장성아카데미와 장흥학당
- 칵테일파티 효과
- 무거워야 가벼워지는 삶
- 표절은 오답, 양심은 정답
- 한국관광공사의 변신과 광주관광재단의 길!

사소한 일상이 도시의 품격을 결정한다[22)]

겨울이 되면 도시는 잠시 정돈된 얼굴을 드러낸다. 가로수와 근린공원, 어린이공원의 나무들이 전정되고, 인도에 무성하던 풀들도 사라진다. 도로 가장자리와 중앙분리대를 차지하던 잡풀 역시 고사한다. 도시는 한결 깨끗해 보인다. 그러나 이 모습이 도시의 평소 모습인지, 아니면 계절이 만들어낸 잠깐의 착시인지 자연스럽게 묻게 된다.

다른 도시에서 광주를 찾는 사람들이 가장 먼저 경험하는 것은 무엇일까. 차창 밖으로 보이는 도시 경관이 얼마나 정돈되어 있는지일 것이다. 차를 내려 인도와 골목을 걷는 순간,

---

22) 광주MBC 라디오칼럼, 2025. 1. 9.

도시의 관리 수준은 숨기려 해도 그대로 드러난다.

특히 밤에서 아침으로 넘어가는 시간은 도시의 진짜 실력을 보여준다. 도로는 다시 정리되고 있는지, 쓰레기와 낙엽은 제때 수거되고 있는지 말이다. 다시 오고 싶은 도시인가를 결정하는 기준은 화려한 관광상품보다 이러한 일상의 장면에서 만들어진다.

공중화장실과 개방화장실 역시 중요하다. 위생용품은 충분히 비치되어 있는지, 청결 상태는 제대로 유지되고 있는지를 누구나 자연스럽게 살펴보게 된다. 관광지보다 먼저 기억되는 것이 화장실의 냄새와 관리 상태라면, 그 도시는 이미 경쟁력을 잃고 있다고 볼 수 있다.

화장실과 보도블록, 차도의 청결 문제, 잡초 제거와 쓰레기 관리의 문제는 결코 사소한 민원이 아니다. 이는 도시 운영 시스템의 문제다. 이를 도시를 만드는 기본 기술이라 부를 수 있다. 이 기본이 무너지면 아무리 거창한 비전도 설득력을 얻기 어렵다.

광주는 흔히 관광도시가 아니라고 평가받는다. 그러나 관광도시는 특별한 장소에서만 만들어지지 않는다. 광주로 진입하는 관문에서 처음 만나는 풍경, 그 첫인상이 도시 전체의 이미지를 결정한다.

문제는 무질서다. 도로변에 난립한 입간판과 통일된 기준 없이 설치된 각종 시설물들은 도시의 얼굴을 흐리게 만들고, 외지인의 눈에는 더욱 선명하게 다가온다.

산업단지도 마찬가지다. 하남공단과 평동산단, 본촌산단을 둘러싼 도로와 인도에 무성한 잡풀은 광주에서 일하는 노동자들이 매일 마주하는 풍경이다. 새벽 출근길에 경험하는 도시의 모습은 그 도시가 노동을 어떻게 대하는지를 그대로 보여준다.

최근에는 문흥동과 오치동, 우산동 일대의 어린이공원과 근린공원을 직접 살펴보았다. 놀이터는 있지만 어린이용 변기를 갖춘 곳은 거의 찾아보기 어려웠다. 과연 이 공간들이 어린이 중심의 공원으로 제대로 기능하고 있는지 다시 묻게 된다.

민주와 인권의 도시라면 행정과 도시철학은 일상 속까지

이어져야 한다. 문화관광, 청소행정, 도로, 공원녹지 부서가 각자 움직이는 것이 아니라, 하나의 목표로 연결될 때 도시는 비로소 변화할 수 있다.

도시는 '사이'를 관리하는 능력이다. 건물과 건물 사이, 길과 길 사이, 공원과 아파트 사이. 그 사이를 어떻게 돌보느냐가 곧 도시의 품격을 말해준다.

광주는 지금, 관광도시 이전에 '품격 있는 생활도시'가 되어야 할 시점에 와 있다. 그 출발점은 거창한 계획이 아니라, 아주 작고 아주 구체적인 일상에 있다.

정치는 책임[23)]

더불어민주당 지도부가 올해 첫 예산정책협의회를 광주에서 열었다. 형식만 놓고 보면 의미 있는 방문처럼 보이지만, 당일 발표된 회의 자료만을 보면 지도부가 대거 광주를 찾을 만큼의 핵심 현안과 쟁점이 있었는지에 대해서는 고개가 갸웃해진다. 이는 광주 국회의원 8명의 역할이 부족해서라기보다, 민주당의 지지율과 정치적 판단에 따른 선택이 아니었는지 의문이 든다.

대통령 선거와 지방선거를 앞둔 시점이라면, 지자체가 건의하는 현안사업에는 최소한 지역의 미래 전략과 지역사회

23) 광주MBC 라디오칼럼, 2021. 6. 29.

각계의 목소리가 충분히 반영돼 있어야 한다. 지방소멸과 민생, 그리고 양질의 일자리 문제를 어떻게 돌파할 것인지에 대한 분명한 방향과 '가슴 뛰는' 대안이 제시돼야 한다는 뜻이다. 그러나 집권 여당 지도부까지 참석한 예산정책협의회에서 과연 그런 사업들이 발굴되고 제안됐는지에 대해서는 솔직히 회의적이다.

광주광역시는 이날 현안 건의사업으로 광주~대구 달빛내륙철도 건설, 2038 하계 아시안게임 광주~대구 공동 유치 지원, 광주 군공항 이전 추진, 「인공지능 생태계 경쟁력 강화를 위한 특별법(안)」 마련 등 총 6건을 제안했다. 국비 건의사업으로는 친환경 공기산업 육성, 국가고자기장연구소 구축 용역, 광주시의료원 설립, 광주비엔날레 전시관 건립, 인공지능 반도체 상용화 테스트베드 구축, 인공지능 중심 산업융합 집적단지 조성, 도시철도 2호선 건설 등 총 10건에 대해 당의 협조를 요청했다.

문제는 이런 방식의 예산정책협의회가 이번이 처음이 아니라는 점이다. 2019년 4월에도 더불어민주당 이해찬 대표와 최고위원들이 광주·전남을 찾아 같은 형식의 예산정책협의회를 연 바 있다. 당시 협의회의 성격과 규모는 올해와 크게 다르지 않았다. 더구나 올해 광주시가 다시 건의한 군공항 이전과 광주~대구 달빛내륙철도 건설은 2019년 당시에도 똑같이 제안됐던 사업이다. 당 지도부까지 움직였지만, 2년이 지난 지금도 이 사업들은 큰 진전 없이 제자리걸음을 하고 있다.

당시 국비 지원사업으로 건의됐던 20건 가운데서도, 오늘에 이르기까지 해결되지 못한 채 마치 복사해 붙인 것처럼 다시 등장하는 사업들을 어렵지 않게 찾아볼 수 있다. 집권 여당인 민주당 지도부의 책임을 가볍게 볼 수 없는 이유다. 정치는 말이 아니라 결과로 책임지는 일이다. 그래야 지방이 바뀐다.

국민을 열외시키지 마시라[24)]

2022년 전국동시지방선거까지 1년을 남겨두고 있는 시점이다. 이런 가운데 지난 25일 한국메니페스토실천본부가 전국 15개 시도지자체 공약이행률을 발표해 이목을 끈 바 있다.

공약이행률 전국 평균은 61.96%로 분석됐다. 호남지역을 살펴보면 광주광역시 이용섭 시장의 공약이행률은 56.4%이고 전남의 김영록 지사는 63.3%, 전북 송하진 지사는 50.5%로 60% 미만이었다. 반면 경기도, 경북, 충남, 대구, 경남은 공약이행률 상위 5곳에 이름을 올렸다.

24) 광주MBC 라디오칼럼, 2021. 6. 7.

지방선거 1년을 앞두고 지방선거 출마예정자들의 이름이 일부 언론에서 공개되고 있는 시점에서 이 같은 공약이행률 평가결과가 던지는 메시지는 남다른 파장을 낳기 마련이다. 국민의 평가와 직결되기 때문이다.

지자체별 공약이행률 발표와 더불어 이 시점에서 주목해야 할 부분이 또 있다. 각 시도 지자체들이 경쟁적으로 기재부와 정치권에 내년도 국고사업을 건의하고 국비확보에 사활을 걸고 있다는 뉴스가 쏟아지고 있기 때문이다.

광주광역시와 전라남도도 지난 12일 기획재정부와 2021년 지방재정협의회를 개최해 국비확보 행보에 나섰다. 선거가 있는 해에 앞서 펼쳐지는 공약이행률 평가결과와 국비확보 성적표는 현직 지자체장과 출마예정자들 모두 촉각을 곤두세우는 일일 것이다.

또 이맘때 눈여겨볼 대목이 있다. 내년 대통령 선거에 대비해 각 시도 지자체와 정치권이 대선공약 개발에 어떻게 대응하고 있는가이다. 이용섭 시장은 27일 광주도시공사 등 25개 공공기관장회의 석상에서 대선공약 과제 발굴을 주문했다고 한다.

광주광역시는 이보다 앞서 지난 4월 14일에 지역구 국회의원들과 당정협의회를 열고 이 자리에서 내년 대통령 선거를 겨냥한 대선공약TF를 발족하겠다고 밝히기도 했다. 다만 당정협의회 이후 대선공약TF의 공식적인 활동 모습은 아직까지 포착되지 않고 있다.

이런 가운데 더불어민주당 전북도당 소속 국회의원들이 대선을 앞두고 전북도 정책공약 발굴을 위해 워크숍을 실시했다는 소식이 언론을 통해 공개됐다. 형식과 내용의 문제를 떠나 2021년 준비를 위한 총성 없는 경쟁이 가속화하는 모습은 국민에게는 더없이 반가운 일이다.

그런데 말이다. 이 과정에서 여전히 국민은 어디에도 없다. 대선공약을 준비하는 한 축 어디에도 국민의 자리가 없고, 국고사업을 계획하는 자리에 시민의 목소리를 담고자 하는 지방정부와 정치권의 공식적 노력은 역시 보이지 않는다. 결정적일 때 국민을 열외시키지 마시라.

주민들은 그냥 안다[25)]

얼마 전 고창군립도서관에서 실시하는 '길 위의 인문학' 프로그램 개강식에 다녀왔다. 첫 시간이라 10월까지 진행하게 될 강좌를 소개하고, 프로그램이 탄생하게 된 배경을 설명하는 오리엔테이션 시간이었다.

작년 한 해 동안 지역민과 함께 도서관에서 인문학적 공부 모임을 하던 분들이 어떤 공부를 할 것인가 정하고 한국도서관협회가 주관하는 '2021년 도서관 길 위의 인문학' 공모사업에 사업신청을 하게 되었다는 이야기를 들었다.

---

25) 광주MBC 라디오칼럼, 2021. 5. 11.

프로그램은 설계에서부터 고창지역의 특성과 인문학적 배경을 반영하기 위해 골몰한 흔적이 역력했다. 지역에서 활동하는 신부님과 고향으로 귀촌해 책문화보급 커뮤니티공간을 운영하는 대표가 며칠을 프로그램을 설계하는 짐을 나누어 졌다는 것도 알게 되었다. 지역민이 직접 착안하고 토론과정을 거쳤고, 지역민이 직접 프로그램 전체 설계를 주도했다는 것이다. 2013년에 121개 도서관에서 시작된 사업이 해를 거듭하는 과정에서 지역민이 도서관프로그램의 소비자에서 생산자로 탈바꿈한 것이다.

문화체육관광부, 한국출판문화산업진흥원, (사)한국도서관협회, (사)한국박물관협회가 함께 추진하는 '길 위의 인문학' 사업이 9년차를 맞으며 가장 눈에 띄는 변화라면 아마 고창군민들이 보여준 것과 같이 도서관 인문학프로그램의 운영주체로 변모했다는 것이 아닐까 생각한다.

그날 오리엔테이션 자리에 참석하신 참여자 소개 시간도 매우 흥미로웠다. 농민을 시작으로 문화해설사, 생태관광전문가, 공직생활 은퇴자, 신부님, 귀촌한 분 등 다양한 직업과 연령대가 포진되어 있었다. 그러나 금방 보기에도 참여자 분들의 연령대가 높았다. 강좌 내용을 소화할 수 있을까 자신하지 못하지만 도전해 보겠다고 고백하는 분들이 적지 않았다. 가장 젊은 참석자는 도서관 소속 담당 직원이었다.

특이할 만한 것은 고창군청 문화예술팀에 근무한다면서 자신을 소개한 분이 소개되었을 때 박수 소리가 약속이나 한 듯이 커졌다는 점이다. 공식 일과시간이 끝났음에도 수첩을 들고 여러 참여자들 속에 섞여 있는 공직자를 환영하는 지역민들의 태도에서 무릎을 탁 쳤다.

어찌 보면 당연해 보이는 모습이 낯설고 특별해 보이는 순간이었다. 지역민의 한 사람으로서 지역민들 속에 함께하는 공직자의 모습에서 지역민들은 박수로서 숱한 메시지를 대신하고 있었던 것이다. 주민들은 그냥 안다.

'안전속도 5030정책'의 본질[26)]

지난 17일부터 전국에서 일제히 '안전속도 5030정책'이 전면 시행됐다. 도심부 넓은 간선도로는 시속 50Km, 주택가와 이면도로, 그리고 어린이보호구역 등은 시속 30km로 차량 속도를 규제하는 제도다. 경찰청이 현수막 홍보에 나서고 각종 언론이 바뀐 제도를 설명하는 기사도 쏟아지고 있다. 1970년대 유럽 등 교통선진국에서 시작된 이 제도는 OECD 37개 국가 중 31개 국가가 이미 시행하고 있다. 늦었지만 매우 의미 있는 결정이라고 생각한다.

그런데 오늘 아침에는 이와 관련해서 며칠 전 초등학교 앞

26) 광주MBC 라디오칼럼, 2021. 4. 21.

에서 본 풍경을 이야기해 보려 한다. 아주 특별하지 않은 이야기가 될 것이다. 하지만 살면서 크고 화려한 이야기, 중량감이 있고 쓸모 있어 보이는 이야기보다는 소소한 일상의 단면들이 도리어 사람을 지배하는 일이 종종 있다.

혹자는 나이든 탓이라 할지도 모른다. 그럴수록 작은 것에 더 끌리는 봄날이다. 나에게 봄은 작은 것을 향해 무릎을 낮추는 시간이었던 것 같다. 진짜를 보기 위해서는 나 자신의 속도를 낮추고 멈춰 설 수밖에 없다. 나뭇잎마저 꽃 같다는 사실을 알게 된 게 불과 얼마 되지 않지만 그것도 나의 속도를 늦췄을 때 겨우 알게 된 것이다.

며칠 전 초등학교 앞을 지나는 나의 속도는 30Km 이하였다. 거기다 신호까지 걸렸으니 답답하다고 느낄 만한 시간이었다. 그 순간 차창 밖으로 4학년과 1학년쯤으로 보이는 초등학교 남자 아이 형제가 가던 길을 멈추고 서 있는 것이 보였다.

등에 맨 가방이 먼저 눈에 띄었다. 노란 포장으로 감싼 가방에 빨간색 큰 글씨로 30Km라고 써 있는 가방을 나란히 매고 있었기 때문이다. 두 아이가 해찰하며 서 있는 그 뒷모습을 보면서 태권도를 가르치는 선생님이 아이들의 어디를 향해서 시선을 맞추고 있는지 여실히 느껴졌다. 세상의 무엇을 향해 발차기하고 있는지 직감했다.

하지만 이 자리에서 오늘 말하려는 본질은 속도가 아니다. 아이들의 행동에서 더 놀라운 것을 발견했다. '소리쟁이'라는 여러해살이식물이 있는데, 층층이 다닥다닥 붙어 열린 소리쟁이꽃을 만지면서 형이 동생과 해찰하고 있었다. 여러분의 속도가 낮춰지는 순간 길가의 작은 꽃과 함께 소통하는 아이들이 비로소 보일 것이다. 이것이 속도를 30km로 낮추는 행위의 본질이다.

고위공직자 재산공개의 계절[27)]

봄꽃이 한창이다. 구례 화엄사 홍매가 만개했다는 소식도 여기저기서 소란이다. SNS를 타고 꽃소식이 빠르게 번지고 있다. 누구나 할 것 없이 꽃을 혼자 두고 보지 못하고 보여주고 싶은 마음이 자연스레 발동하는 모양이다.

이른 매화꽃은 진 곳도 있다. 지는 꽃 속과 피는 꽃이 한 나무에 섞여 있기도 한다. 이번 주말이면 선운사 동백꽃이 장관을 이룰 것이라고 한다. 수령 500여 년 된 3000여 그루 동백숲이 그려 놓은 풍경화는 상상만으로도 바람이 들 지경이다.

27) 광주MBC 라디오칼럼, 2021. 3. 29.

그렇다고 꽃이 명소에만 피는 것도 아니다. 쇠별꽃과 냉이꽃, 광대나물꽃은 볼품없는 길가고 밭둑이고를 가리지 않고 핀다. 그마저도 이들의 꽃 이름을 아는 이가 많지 않다. 평지에 피는 꽃이 있는가 하면 생강나무나 진달래는 깎아지른 산비탈 바위 사이에 서 있기도 한다. 무각사 불이문 앞에 꽃봉오리를 머금은 명자나무와 시골집 마당에 핀 명자나무꽃에 벌이 날아드는 것에 어떤 차별 같은 것은 없다. 이 모두가 봄이 하는 일이다.

나중에 피는 꽃이 있고 먼저 피는 꽃이 있다. 먼저 핀 꽃이 나중에 피는 꽃을 무시하는 일이 없고 나중에 피는 꽃이라고 해서 먼저 핀 꽃을 시기하는 것 같지 않다. 봄은 작은 꽃이라고 해서 큰 꽃과 차별하는 일이 없다. 계곡에 피든 물가에 피든 각자 서 있는 그곳에 봄기운이 닿으면 꽃이 피고 잎을 피운다.

낡은 집이라고 마당에 핀 꽃까지 남루하지 않다는 것을 아는 일은 그렇게 어려운 일도 아니다. 주인 없는 꽃도 주인이 정해진 꽃도 봄은 분별심을 내지 않는다. 꽃나무에게도 밭에 심어진 꽃 없는 쪽파에게도 봄기운이 닿지 않는 곳은 없다.

코로나로 힘들대로 힘든 소상공인들과 집 없는 사람과 권력 없는 사람, 대출 창구에 앉아 대출 거절될 것을 불안해하며 번호표를 뽑고 기다리는 사람들에게도 봄이 왔다. 밤에 하얗게 핀 벚꽃을 마음 편하게 보지 못하는 사람이 적지 않다.

봄이 서 있는 곳을 가려가며 꽃을 피우지 않는 것과 같이, 벌이 키 작은 꽃을 차별해 날아들지 않는 것과 같이 세상이 달라졌으면 좋겠다. 봄이 봄이어서 좋으면서도 동시에 봄이 봄 같지 않아서 슬픈 봄이 아니었으면 좋겠다. 봄이 꽃과 나무에게 하는 것처럼 위정자들이 봄의 태도를 보여주기 바란다. 최근 일제히 고위공직자 재산이 공개됐다. 별별 마음이 다 드는 봄이다.

탄소중립시대의 사회적 책임[28)]

현대기아차가 전기자동차 전용 플랫폼을 최초로 적용한 순수 전기차 '아이오닉5'를 공개했다. 전기차 대중화 시대가 본격화한 것이다. 전기차 시장에서 독주해 온 테슬라와 경쟁하게 될 것이라는 전망도 나오고 있다.

한국 최초의 독자 모델인 현대자동차의 포니 디자인 요소를 소환하면서까지 자동차 회사로서의 역사와 기술력, 성공 신화를 잇겠다는 각오를 숨기지 않았다. 국내 자동차 시장에서 내연기관 자동차 시대를 이끌어 온 현대기아차의 미래와 명운이 아이오닉5의 성공에 달렸다고 할 만큼 어깨가 무겁다

---

28) 광주MBC 라디오칼럼, 2021. 3. 2.

고 볼 수 있다.

현대기아차의 이러한 움직임은 내연기관 자동차 시대의 종말이 목전에 와 있음을 실감하게 한다. 지구 온난화가 가속하는 상황에서 탄소중립 사회로 빠르게 진입하고 있는 전 세계적 흐름을 반영하고 있다는 점에서도 기대할 만한 변화로 읽힌다.

전 세계적으로 내연기관차 퇴출이 빨라지고 있다. 노르웨이는 2025년까지 내연기관차 판매를 금지하기로 했다. 영국과 프랑스도 2030년까지 내연기관차 판매 금지를 공식화했다. 아시아에서는 일본이 2030년, 중국이 2035년까지 내연기관차 판매 중단에 나서겠다고 밝혔다. 우리 정부도 '2050 탄소중립'을 선언했다.

다만 한국은 내연기관 자동차 판매 중단과 관련해 구체적인 퇴출 시기는 아직 정해지지 않았다. 지난해 11월 대통령 직속 자문기구인 국가기후환경회의에서 2035년~2040년경 내연기관차 퇴출을 제안한 단계에 머물러 있다. 이런 가운데 산업부는 지난 23일 2030년까지 온실가스 24% 감축을 목표로 친환경차 비중을 신차 판매의 83%, 전체 차량의 30% 수준까지 끌어올리겠다면서 제4차 친환경자동차 기본계획을 확정 발표했다.

하지만 전 세계적 기후 환경 변화에 대응하기 위한 자동차사와 정부의 대응이 구체적인 현실로 다가오는 가운데, 해결과제도 만만치 않게 노출되고 있다. 국토교통부는 지난 24일 현대자동차 코나 전기차 등 3개 차종이 배터리 화재 발생 가능성 등의 제작 결함을 이유로 리콜을 단행한다고 밝혔다.

규모도 수출 물량을 포함해 총 8만 1천여 대에 이르고, 리콜 비용도 1조 원대에 달하는 것으로 전해지고 있다. 코나 전기차가 처음 화재가 발생하고 리콜 결정이 내려지기까지 무려 1013일이 걸렸다고 한다. 이러한 사례는 사회적 책임을 대하는 우리의 수준이 여전히 포니 자동차 시대에 머물러 있는 것은 아닌지 무겁게 돌아보게 한다.

장성아카데미와 장흥학당[29]

인문학 열풍이 여전하다. 2000년 접어들면서는 가히 유행처럼 번졌다. 인문학 강좌는 기업과 지자체, 학교와 출판계까지 인문학 전성기라고 해도 과언이 아닐 만큼 널리 유행하고 있다. 이런 인문학 바람은 뒤집어 보면, 우리 사회가 인문학적인 삶과 동떨어진 사회라는 반증일 수 있다.

최근 장성군의 교육브랜드인 <21세기장성아카데미>가 코로나 가운데서도 1123회째 강좌를 열었다. 21세기장성아카데미는 1995년 9월 15일에 시작해 올해로 26년째 명맥을 잇고 있다. 이 때문에 2018년에는 한국기록원(KRI) 공인 최장기간

29) 광주MBC 라디오칼럼, 2021. 2. 3.

사회교육프로그램으로 인정받은 바 있다. 2019년에는 유럽연합오피셜월드레코드(EU OWR)로부터 세계 최고기록으로 공식 인증도 받았다. 보통은 지자체장이 바뀌면 업적 지우기로 사업이 중단되거나 흐지부지되기 마련인데 장성군은 이례적이라 할 만하다.

그동안 강연들을 모아 24권의 강연집을 발간해 청중만이 아니라 독자들과도 소통의 폭을 넓히고 있다. 나아가 군청 홈페이지를 통해 강연을 영상으로 맛볼 수 있도록 하고 있다. 초청인사의 면면은 이름만 들어도 놀라울 정도이다. 대한민국 인문학의 보고라는 말이 분명 허언은 아니라고 본다.

그러나 과제가 없는 것은 아니다. 장성군은 이 사업을 민간교육전문기관에 위탁해 운영하고 있다. 여기서 우리는 장성군민들은 근 30년 가까운 기간 동안 주민들의 힘으로 아카데미를 기획하고 운영할 자치역량이 길러지지 않았는가 하는 질문을 던진다. 주민은 여전히 아카데미의 청자이거나 독자이거나 소비자로 남아 있기 때문이다. 평생교육협의회도 좋고, 귀농귀촌협의회도 좋고 사회적협동조합과 마을기업 등이 아카데미를 운영하지 못할 이유가 없다. 주민이 생산자이자 기획의 주체가 되지 못할 이유도 없다.

사례가 없지는 않다. 21세기 장성아카데미의 명성에 가려지기는 했지만 장흥군의 장흥학당이 견줄만한 사례이다. 장흥학당은 장성군보다 1년 앞선 1994년에 장흥군민들이 모여 만든 민간단체이다. 26년째 회원들이 중심이 되어 월 2회씩 명사들을 초청해 연찬회를 열고 있다. 장흥군민들은 설립 초기부터 교육 자치를 실현하고 있다. 대한민국 평생교육을 선도해 왔다고 자부하는 장성군이 새로운 길을 개척할 때라고 생각한다. '대한민국은 문재인 보유국'이 아니라, 대한민국은 장성아카데미와 장흥학당 보유국이기에 희망적이다.

칵테일파티 효과[30)]

각종 여론조사 결과에서 부정평가가 긍정평가를 압도하는 상황이 이어지고 있다. 이런 상황에서 임기 5년차를 맞은 문재인 대통령의 신년사와 기자회견에 눈과 귀가 쏠리는 것은 여야 정치권뿐만 아니라 국민들도 매한가지다.

문재인 대통령은 집권 5년차 동안 언론과 직접 소통한 사례가 불과 6번에 지나지 않은 것으로 알려져 있다. 취임사에서 "주요 사안은 대통령이 직접 언론에 브리핑하겠다"고 밝힌 것과는 너무 다른 행보라는 점에서 소통 문제를 지적하는 목소리가 있어 왔다.

---

30) 광주MBC 라디오칼럼, 2021. 1. 12.

2017년 5월 10일 취임사에서 문재인 대통령은 "오늘부터 국민 모두의 대통령이 되겠다. 군림하고 통치하는 대통령이 아니라 대화하고 소통하는 대통령이 되겠다."고 약속했다. 박근혜 전 대통령을 경험한 직후라서 기대감이 컸던 게 사실이다. 그러나 지금의 결과는 참담한 상황이다.

듣고 싶은 말만 듣거나 보고 싶은 것만 보이는 선택적 주의를 '칵테일파티 효과'라고 한다. 칵테일 파티 같은 장소에서 여러 사람이 시끄럽게 떠들고 있더라도, 내가 관심 있는 이야기는 골라 들을 수 있는 능력이나 현상을 가리키는 말이다. 지도자라면 더욱 경계해야 할 덕목이 바로 '칵테일파티 효과'라고 할 수 있다.

최근 광주광역시장과 전남도지사, 광주전남 양 시도 교육감, 그리고 광주광역시의회 의장의 신년사, 언론대담 등을 분석해 보았다. 지난 한해 정책수행 과정의 한계를 솔직담백하게 인정하는 지도자는 없었다. 책임이라는 단어도 발견하지 못했다. '바로 이거다' 싶을 만한 문장을 찾아내는 데 실패했다. 오히려 현안 사업의 내용을 이해하지 못할 정도로 어려운 단어를 남발하며 소통을 가로막았다.

지방교육재정알리미에 따르면, 지난해 5월 기준 폐교 수가 △전남 828개교이고 △광주마저도 15개교에 달하는 것으로 나타났다. 지난해 광주 전남의 인구도 최근 10년 사이에 최대폭으로 줄었다.

이 같은 문제에 직면해서도 우리 지역 지도자들은 광주·전남 시도민들에게 귀에 쏙 들어오는 말로 '어떻게 하겠다'라고 설명하지 못했다. 모든 문제를 다 해결할 것처럼 공약하던 지도자들이 도리어 문제를 회피하고 국민에게 책임을 떠넘기는 식이라면 곤란하다. 파티장의 시끄러운 주변 소음과 대화 속에서도 오직 국민의 목소리가 들리는 한 해가 되기를 바란다.

무거워야 가벼워지는 삶[31)]

첫 시집을 낸 지 꼬박 10년째가 됐다. 나 걸어가고 있다. 10년 전 첫 시집의 제목이다. 이 시집 가운데 '삶의 무게'라는 제목의 짤막한 시 한 편이 있다.

파지 1Kg 50원/ 신문 1Kg 100원/ 고철 1kg 70원/ 구리 1kg 1400원/ 상자 1kg 100원/ 양은 1kg 800원/ 스텐 1kg 400원/ 각종 깡통 1kg 50원/ 고물상 주인 백

삶이 얼마나 무거워져야 가벼워지는지 모르는/ 허리 굽은 이가 저울 위에 그의 전부를 올려 놓는다/ 먼저 무게를 다 달

---

31) 광주MBC 라디오칼럼, 2020. 12. 29.

고 난 이가 멀찍이서/ 그, 저울눈을 슬쩍슬쩍 훔쳐보며 견줘 보고는 배식배식 웃는다/ 햇빛 환한 마당에는 좀 더 무거워야 가벼워지는 삶이 순해진다.

코로나 19가 장기화하면서 '삶의 무게'가 가벼워지지 않는 분들이 부지기수다. 섣불리 위로와 희망을 말하는 것이 조심스러워지는 연말이다. 지금 견디고 버티고 있는 분들의 삶의 무게를 짐작조차하기 어려운 탓이다.

최근 교수들이 뽑은 올해의 사자성어로 '내가 하면 로맨스, 남이 하면 불륜'(내로남불)이라는 뜻을 한자로 번역해 만든 신조어인 '아시타비(我是他非)'가 선정됐다. 2위는 '얼굴이 두꺼워 부끄러움이 없다'는 뜻의 '후안무치(厚顔無恥)'가 차지했다.

둘 다 어려운 국민들이 코로나 19라는 한 번도 경험해 보지 못한 위기의 터널을 고통스럽게 지나는 동안, 우리 사회 지도층들이 보여준 볼썽사나운 모습들에 회초리를 드는 말이다.

그런가 하면 지자체나 지방의회 등에서 2021년의 바람을 담은 사자성어들을 발표하고 있다. 대전 서구는 2021년 구정 사자성어로 '묵은 것을 버리고 새로운 것을 펼친다'라는 뜻인 '제구포신(除舊布新)'을 선정했다.

중소기업인들은 '토적성산(土積成山)'을 내년 사자성어로 선택했다. 흙이 쌓여 산을 이룬다는 뜻으로, 작은 것이 쌓여 큰 일을 성취함을 의미하는 말이다. 올해의 암울을 극복하자는 바람이 묻어난다.

마이크로소프트 공동창업자인 빌 게이츠는 연말을 맞아 올해 읽은 책 5권을 추천하면서 자신의 블로그를 통해 "올해는 유쾌하지 않은 한 해였고, 이는 올해의 책 선정에 영향을 미쳤다"면서 "책을 사랑하는 사람은 힘든 시기에 다양한 종류의 책에 관심을 돌린다"고 적었다고 한다.

시 한 편이나 사자성어와 책 한 권이 지금의 삶의 무게를 이기는 백신이었으면 좋겠다.

표절은 오답, 양심은 정답[32)]

최근 유명 가수가 석사학위 논문 표절논란으로 뉴스를 뜨겁게 달군 바 있다. 그의 사과문에 '욕심'이라는 단어가 2번씩이나 등장했지만, 결국 방송 활동이 파행되는 사태를 피하지 못했다.

차기 전남대 총장 2순위 후보가 논문표절 문제에 따른 연구윤리 위반으로 후보 자격을 잃는 일도 있었다. 8년 만에 되찾은 직선제 선거에 대한 기대감이 수포로 돌아간 것이다.

12월은 신인문학인들의 등용문인 신춘문예의 계절이다. 신

32) 광주MBC 라디오칼럼, 2020. 12. 4.

춘문예에서도 표절이 드러나 당선이 취소되는 일도 심심찮게 발생한다. 필명을 날리는 인기 현역 작가들의 표절시비는 문단의 문제를 넘어 독자들을 충격과 혼란에 빠지게 만들기도 한다.

표절문제가 빈발하는 것은 정치권도 예외가 아니다. 논문 표절 문제는 문재인 대통령이 대선후보 시절 공약했던 공직 배제 5대 원칙의 하나였다. 하지만 국회 인사 청문 과정에서 국민들이 보는 앞에서 스스로 내세운 원칙들이 후퇴하는 것이 목도됐다.

국립국어원 표준국어대사전에 따르면 표절(剽竊)은 시나 글, 노래 따위를 지을 때에 남의 작품의 일부를 몰래 따다 씀을 이르는 말을 가리킨다. 그러나 최근에는 시나 글, 노래뿐만 아니라 회화, 디자인, 건축, 패션 등 저작권과 고도의 지적 노동이 요구되는 모든 분야에서 나타나고 있다.

표절문제는 전문 작가나 고위공직자 등에서만 벌어지는 일도 아니다. 국회 교육위원회 소속 정경희 국민의힘 의원이 지난 10월 한국대학교육협의회로부터 제출받은 자료에 따르면, 지난 5년간 대입에서 자기소개서 표절로 불합격한 학생이 7,907명인 것으로 나타났다고 밝히고 있다. 시사하는 바가 적지 않다.

두말할 필요도 없이 대학입시는 그 어떤 시험에 비해 공정하고 정의롭게 치러져야 한다. 그럼에도 앞선 통계가 말해주듯이 상당한 수의 학생들이 표절문제로 씻을 수 없는 오명을 뒤집어 쓴 채 낙오하는 현실이 이어지고 있다. 매우 안타깝기 짝이 없다.

이런 상황에서 정치권, 문단, 화단 등 우리 사회 곳곳에서 발생하는 표절문제를 다루는 방식을 돌아보게 된다. '도덕과 윤리가 밥 먹어 주냐', '이 정도 가지고 뭐가 문제냐'는 식이어서는 수험생들의 반면교사가 될 수 없다.

수험생들 모두가 사상 초유의 코로나 사태로 어느 때보다 난관이 적지 않았을 터다. 상식과 양심이 삶의 정답이라는 믿음을 선물할 때다.

한국관광공사의 변신과 광주관광재단의 길![33]

한국관광공사가 외국인 대상으로 제작한 홍보영상 '필 더 리듬 오브 코리아'가 인기몰이 중이다. 지난 7월 30일 공개된 이후 서울, 부산편은 각각 3천1백만 회 이상의 유튜브 조회수를 기록하고 있고 전주편 또한 2천7백만 회 이상의 조회수를 기록 중이다. 먼저 공개된 3편의 성공에 힘입어 10월 16일에 2탄으로 공개된 안동, 강릉, 목포편 역시 화제를 이어가고 있다.

댓글도 폭발적이다. 세금이 아깝지 않다, 기획자 보너스를 줘야 한다, 수능 금지곡 등 칭찬 일색과 놀랍다, 새롭다는 반응이 주를 이루고 있다. 이 화제의 중심에 2019년 결성돼 활

33) 광주MBC 라디오칼럼, 2020. 11. 13.

동 중인 얼터너티브 팝밴드 '이날치'의 '범내려 온다', '어류도감', '좌우나졸' 등 판소리 수궁가를 재해석한 혁신적인 음악이 한 몫을 차지하고 있다.

또한 한국현대무용계의 BTS로 화제를 낳고 있는 앰비규어스 컴퍼니의 중독성 강하고 독특한 춤과 파격적인 의상이 조화를 이뤄 대표 관광지를 무대로 마치 도깨비처럼 활보하는 영상이 시선을 압도하고 있다.

홍보영상이 인기 열풍에 휩싸이면서 영상을 기획한 담당자까지도 관심을 끌고 인터뷰에 호명되어 출연하기까지도 하는 상황이다. 기획을 주도했던 한국관광공사의 브랜드마케팅 오충섭 팀장은 한 언론과의 인터뷰에서 "아무도 하지 않는, 아무도 즐기지 않는 전통은 그냥 박물관에나 있는 것"이라면서 한국의 전통을 현대에서 어떻게 재해석하고 재구성해서 즐기는 것이어야 한다는 점을 강조한다.

한국관광공사는 잠재방한 고객 수요를 확대하고 코로나19 이후 관광시장 선점을 목적으로 제작한 '필 더 리듬 오브 코리아'의 인기로 반색하는 분위기다. 코로나19의 영향으로 관광시장의 침체가 장기화하고 있는 중에 유튜브 동영상을 통한 마케팅이 코로나19 이후의 한국관광시장에 어떤 영향을 몰고 올지 귀추가 주목된다.

이 와중에 한국관광공사 홍보영상의 성공이 던져주는 시사점은 간단하지 않다. 이번 영상의 특징은 공사의 기존 홍보영상의 화법인 수려한 풍광과 유명 연예인, 김치, 불고기, 비빔밥, 한복 등의 흔한 소재와 장소를 중심에 두지 않는 고정관념과 선입견과의 과감한 싸움의 결과물이라는 점이다.

이날치의 음악은 판소리라는 전통을 재해석해 재구성한다. 음악이 영상의 배경인 동시에 한국 유명 관광지의 특징을 부각시키는 절묘한 요소다. 앰비규어스 컴퍼니의 이색적인 춤과 복장은 한국의 색깔과 문화를 감각적이고 간결하면서도 강렬한 매력을 발신하며 창조력의 극치를 보여준다.

광주관광재단[34] 출범, 100일을 갓 넘겼다. 한국관광공사의 변신의 의미를 돌아볼 필요가 있어 보인다.

---

34) 광주관광재단은 2023년 7월에 김대중컨벤션센터와 광주관광재단이 통합하여 광주관광공사로 출범함.

6

‘좀 더 좀 더’의 마음으로 걸어온 35년

- 꿈과 희망을 그리고, 색에 취하다
- '좀 더 좀 더'의 마음으로 걸어온 35년
- "병원은 어디까지나 병원다워야 한다."
- 청산도의 붉은 동백을 닮은 소녀의 꿈
- 박구환, 꽃과 그림자는 한몸이다
- "당신들에게 꽃이불 한 채 덮어드리고 싶다"

- 예술을 품은 기업 1 'SRB미디어그룹'사랑방신문

꿈과 희망을 그리고, 색에 취하다[35)]

신설된 '예술을 품은 기업'은 예술작품을 소유한 특정 기업인에 대한 조명작업이 아니다. 회사 밖에 설치된 조각품 한 점, 어둠침침한 복도 벽에 걸려 있는 낯선 서양화나 동양화 한 점, 휴게실에 기둥을 장식하고 있는 경쾌한 판화 한 점에 대한 숨겨진 이야기를 하고자 하는 것이다.

이 뿐만이 아니다. 음악을 좋아하는 기업가의 집무실에 놓인 피아노와 바이올린, 해금과 가야금에 담긴 이야기가 주는 울림을 통해 화가와 갤러리를 떠난 작품의 여행기가 될 것이

35) 대동문화 77호(2013. 7~8월호)

다. 무대를 떠난 음악, 소설가와 시인의 손을 떠난 작품이 우리 시대의 지성인들과 리더들에게서 어떻게 새롭게 창조되고 있는가를 발견하는 시간이다. 작품을 배경으로 지역예술과 한국예술에 대해 두런두런 이야기를 진전시키는 예술 활동의 특별한 시간을 개척하고자 하는 것이다.

맑은 하늘을 닮아가는 사람들

'예술을 품은 기업'의 첫 초대 손님은 'SRB미디어그룹'(회장 조덕선). 1990년 창간해 광주전남 지역민의 생활정보를 담아 온 '사랑방신문'이다. 중소서민들에게 생활정보에 관한 한 타의 추종을 불허할 만한 고유명사가 된 기업이다.

그래서일까. 작품 이야기나 해 보자는 조덕선 회장과의 약속은 쉽게 성사되지 않았다. 첫째는 예술이나 작품에 대해 식견이 충분치 않다는 이유였다. 둘째는 전문적인 컬렉터(그림을 거래하고 수집하는 사람)가 아니라는 이유가 하나 더해졌다. 셋째는 사랑방신문이 그동안 외부 언론매체에 노출을 자제해왔던 터라 비즈니스와 기업경영 차원의 이야기도 아닌 문화예술작품에 관한 일로 전문성도 없는 사람이 지면에 오르내리는 일이 적절치 않다는 의견이었다.

그리고 일주일이 지났다. 중흥동 700-5번지 SRB빌딩 사랑방신문을 방문했을 때 가장 먼저 필자를 반긴 것은 '물, 공기 그리고 꿈 (Water, Air and Dream)'을 주제로 지난해 서울 강남구 대치동 포스코갤러리에서 개인전을 갖은 서양화가 강운(姜雲)의 작품이었다. 「공기와 꿈」(Air and Dream, 캔버스 위에 한지, 227×182cm, 2013년)이다.

"작품을 지금 걸어 둔 벽(SRB빌딩 사랑방신문 1층 로비)에 걸어두면 오고 가는 사람들이 그림(「공기와 꿈」)을 보고 밝은 느낌과 상승하는 기운을 받을 수 있겠다 싶었어요. 상승기류를 타는 모습, 바다와도 같은 느낌, 시원하고 상쾌한 느낌을 드릴 수 있겠다는 생각을 했어요."

조 회장이 「공기와 꿈」 앞에서 느낀 첫 느낌도 이것이었다고 한다. 1층에서 만난 「공기와 꿈」은 작품 크기에 비해 공간을 그렇게 많이 요구하지도 않고, 그렇다고 감상자를 기 질리게 할 만큼 권위적이지도 않았다. 정신적 청량감과 안정감을 주되, 바다와도 같은 역동적인 모습으로 걸어갈 수 있는 기개가 파도처럼 부서질 듯하다. 그리고 젊다.

"그림에 관심이 없었을 때는 친구 집에 가도 그림 안 봐요. 대개다 술이나 한 잔 하자는 식이죠. 그런데 행사 때나 불우이웃돕기 기금 마련 등에서 소품이라도 사게 되고 나니까 친구 집에 가서도 그림이 보이게 되고, 좋은 그림이 있으면 그 그림 이야기를 한참하게 되더라고요. 그러면서 좋은 그림을 보게 되면 '야! 저 그림 욕심난다' 이런 식으로 생각이 발전되더라고요."

조 회장이 「공기와 꿈」을 만나게 되기까지는 어떤 성장 과정이 있었을까.

"저는 원래 그림을 좋아하기 전에 책을 좋아했습니다. 시나 시조를 보면 그것이 그림과 연결이 많이 되잖아요. 시를 보면 그림을 보는 것과 같은 맛을 주는 작품이 많거든요. 그러다보니까 자연스럽게 그림에 관심을 갖게 되고 그림에 관한 책을 찾아 읽게 되었죠."

40대 초반부터 시와 그림책과 그림 사이를 오가며 작품을 보는 심미안을 키웠다는 말이다. 그러면서 관심이 증폭되고 해외 나갈 때가 있으면 다른 곳보다는 미술관 한두 군데라도 들러오는 식으로 삶의 자세가 달라지더라고 전한다.

"그림을 보고 있으면 재미가 있어요. 그림에는 나름대로의 히스토리가 있잖아요. 그러면서 점점 그림에 빠지게 되더라고요."

봄, 여름, 가을 그리고 겨울을 통한 삶의 완성

"느낌이 통하는 작품을 만나게 되면 완전히 색다른 느낌이 있거든요. 작품은 가만히 있는데 내가 변화되면서 느껴지는 감동이 있거든요."

조 회장은 자신의 이런 변화를 통해 최근 광주지역 미술계의 변화에도 각별한 관심을 갖고 있는 듯 보였다.

"최근에 갤러리들이 많이 생겼거든요. 반가운 현상이라고 생각해요. 그림을 대중화하고 그림을 좋아하는 인구가 늘어난다면 예술의 저변도 넓어질 것으로 기대합니다. 그전에는 갤러리들이 위압적인 면도 없지 않았거든요. 그런데 요즘에는 일반주택가로도 들어오고, 벽이 많이 허물어졌다고 봐야죠. 점심 먹고 차 한 잔 마시면도 잠깐 들렀다 올 수 있게 되었어요. 이런 현상은 미술시장의 확대나 저변이 넓어진 것으로 볼 수 있지 않을까 생각해요."

그림을 좋아한다는 것은 개인에게나 사회에 어떤 변화를 몰고 오늘 것일까. 좋은 그림을 보고 오면 그 그림이 자꾸 생각나고, 밥을 안 먹어도 배가 부른 것 같은 느낌이 든다고 자신의 경험을 전하는 조 회장은 그 느낌을 '행복'이라는 단어로 압축해 말한다. 그림을 좋아해서 얻게 된 것은 다른 것이 아니라 행복이라는 것이다. 그런데 그 행복의 순간이 꼭 비싼 그림에서만 찾아오는 것이 아니라, 싼 그림에서도 얼마든지 맛볼 수 있다는 것도 강조한다.

이런 생각 때문일까. 강운의 「공기와 꿈」이 놓여 있는 바로 옆 벽면에는 '좋은 그림'에 대한 조 회장의 성향을 짐작해 볼 수 있는 또 다른 작품을 감상할 수 있다.

"색감이 좋아요. 봄, 여름, 가을, 겨울 사계절을 갖는 의미가 남다르잖아요."

우리 지역 여성작가인 박유자의 작품 「사랑합니다 - spring, summer, fall, winter」(Acrylic, pen on canvas, 120 ×60(4), 2011년)에 대한 소감이다. 그의 말대로 '필(Feel)이 통하는 작품'이다.

해바라기가 갖고 있는 생명성과 빛을 향한 소통의 열매가 보여주는 알곡들의 환희가 보여주는 사계절을 끈질기게 추적해 예술적으로 승화시킨 화가가 박유자다. 박유자는 해바라기를 대표하는 노란색의 상징을 철저히 배제하고 꽃잎 하나 씨알 하나하나를 새기듯이 펜으로 그려낸다.

"회사를 찾을 때는 강운의 「공기와 꿈」을 보면서 꿈과 희망의 상승기운을 체감하도록 하고, 엘리베이터에서 내릴 때는 박유자의 「사랑합니다 - spring, summer, fall, winter」를 감상할 수 있도록 했습니다. 봄, 여름, 가을, 겨울을 통해 우주 질서의 오묘한 진리와 완성을 경험하는 것처럼 사랑방신문을 방문하는 손님의 삶에도 행복의 완성, 삶의 안녕과 풍요가 가득 채워지길 바라는 마음을 느낄 수 있도록 배치했습니다."

사랑방신문은 지역민의 가슴에 핀 해바라기꽃으로 다시 한 번 만개를 꿈꾸는 중이다.

우리에게는 영웅이 있다

사랑방신문에서 가장 자유롭고 활기 있는 문화공간이 있다. 바로 휴게실이다. 고였던 물은 흐르고 막혔던 관계는 시원하게 풀 수 있는 곳이 '사랑방'이듯이 '사랑방'의 휴게실은 더욱 유연한 창조적 에너지와 웃음, 활력이 숨 쉬는 공간이다.

그곳에서 우리는 아인슈타인, 찰리채플린, 스티브잡스, 테레사수녀 등 6명의 '우리 시대의 영웅'을 만날 수 있다. 광주의 팝아트조각가 고근호의 작품이다. 우리는 우리 지역사회를 발전시킬 영웅과 한국사회와 한국기업의 새로운 패러다임을 제시할 '위대한 영웅'을 기대하고 있다. 그러나 우리 시대의 아버지가 그러하듯이 우리가 우리의 영웅을 만들어내지 못하면 안 된다. 고근호의 작품은 'SRB미디어그룹'의 인재 육성 방향을 함축적으로 보여주는 상징적 신호탄이다.

고근호의 인물은 그들이 우리 시대의 존경과 사랑을 한 몸에 받았던 숱한 이야기를 담고 있음에도 매우 간결하고 가볍다. 각자의 개성과 목소리를 유지하되 그들의 가치는 인류사회의 건강한 발전과 평화를 위해 공동의 목표가 그 안에 녹아 있다.

사람을 닮은 그림, 그림을 닮아가는 사람

조 회장으로부터 마지막 소개받은 작품은 한희원의 작품이다. 그의 작품은 조 회장의 집무실 입구에 설치되어 있다. 금방에 한희원의 작품은 유일하게 조 회장 자신을 위해 허락된 작품이라는 인상을 받을 수 있다. 그만큼 남다른 애정이 깃든 작품으로 봐도 좋을 것이다.

작품과 함께 한다는 것은 그 작품의 세계와 닮아가는 것일 터인데, 조 회장 또한 어느새 한희원의 작품세계가 내포하고 있는 예술적 정서와 순수하고 따뜻한 빛깔을 닮아가고 있다는 느낌을 받았다. 한희원은 들판에 홀로 선 은행나무나 당산나무의 그늘로 데리고 다니며 논다. 그리고 눈 쌓인 고향마을과는 어울릴 것 같지 않은 기타 가방을 든 중년의 남자로 분하여 눈 속에 발길이 끊긴 마을의 어느 집 문을 두드리기도 한다. 새벽 같기도 하고 달빛이 밝은 밤 같기도 한 푸른빛이 감도는 마을의 분위기는 순전히 상상 속에 나오는 마을처럼 조용하기만하다.

조 회장의 얼굴에는 보통의 기업가들이 드러내는 그늘이

전혀 깃들어 있지 않다. 그리고 그런 바탕에는 분명 말로 설명할 수 없는 힘에 의해 자신의 중심을 휘어잡고 살고 있을 것이라는 짐작이 가능해진다. 그 속에 그림 한 점 한 점과 나눈 '조용한 응시'의 순간들의 모음이 있었을 것이라고 필자는 믿는다.

'SRB미디어그룹'은 '소외아동심리치료지원'과 '사랑의 공부방만들기'를 사회공헌활동으로 추진 중에 있다. 순수한 어린이들의 아픈 상처와 맘 놓고 공부할 수 있는 학습환경을 통해 이들을 보듬는 일에 'SRB미디어그룹'이 앞장서고 있는가에 대한 궁금증이 풀리는 대목이다. 조 회장이 그림에 대한 대화를 시작하면서 꺼낸 말이 가슴을 계속 울린다.

"어려서부터 그림을 찾아가서 보고 그림과 친할 수 있도록 하는 것이 중요한 것 같아요. 단순하게 교과서나 몇 몇 책으로만 그림을 알게 하는 것은 우리 세대가 그림과 예술에 뒤늦게 눈을 뜨는 것과 같은 울을 벗어나기 어렵죠."

필자는 사랑방신문 사옥을 빠져 나오면서 강운의「공기와 꿈」과 박유자의「사랑합니다 - spring, summer, fall, winter」앞에 한참을 서 있었다. '좋은 그림을 보고 나면 그림을 떠나 있어도 그 그림이 자꾸 떠오른다'던 조덕선 회장의 말이 필자를 계속 맴돈다.

'좀 더 좀 더'의 마음으로 걸어온 35년[36)]

넓은 강폭을 흐르는 새벽 강물 같은 미술 사랑

정밀화학 전문 기업 (주)한국 C&S(대표 나기수)는 지난 6월 27일 광주광역시 북구 월출동 첨단산업 1단지 시대를 마감하고 첨단산업 2단지 시대를 열었다. 광주광역시 북구 연제동 1037번지에 새 둥지를 틀었다. 1978년 설립되어 올해로 35년을 맞은 한국 C&S는 창업 이후 꾸준한 기업 활동에도 불구하고 대중에 익숙한 기업이 아니다. 한국 최초로 타이어용 이형제, 특수페인트, 고무류 국산화에 성공한 알짜배기 기

36) 대동문화 78호(2013. 9~10월호)

술력을 갖춘 중소기업이다.

창업 이후 세계 최고의 특수화학 분야 제품 생산과 더불어 기술 국산화를 위해 한눈팔지 않고 달려오면서 이룬 성과가 적지 않음에도 대외에 알려지지 않은 것은 그리 많지 않다. 그만큼 남이 걷지 않는 길을 선택한 특수한 분야를 선택한 이유도 한몫을 한 것은 아닐까 생각한다. 크게는 남이 알아주든 알아주지 않든 묵묵하게 기업인으로서의 길만을 고집하며 살아온 CEO의 경영 철학이 전적으로 반영된 탓이기도 하다.

중소기업을 하기 어려운 경제 환경 속에서 외줄 타기하듯이 기업을 일궈온 한국 C&S의 기술력은 '한국 최초'의 명성을 자랑하면서도 조용하다. 넓은 강폭을 흐르는 새벽 강물 같다. '광주 첨단산업 단지 경영자 협의회' 회장직을 5년째 수행하고 있지만 좀처럼 나서는 법이 없다. 늘 다른 기업들을 먼저 배려하고 기업들의 고충을 조용히 함께 할 뿐이다.

기업 활동 중에도 이럴진대 대외적인 언론에 자신의 이름 석 자를 보이는 일에서야 더 말할 필요조차 없다. 기업하는 사람은 기업하는 일로서 족하다는 것이다. 이런 나기수 대표가 외출을 결심했다. 순전히 그림 때문이다. 그림 한 점이 도심 한복판이 아닌 산업단지 공장에 걸려 있다. 매력적인 그림

한 점이 걸린 곳이면 어디라도 미술관이 된다. '그림이 있는 공장', '사람 좋은 화가의 삶을 사랑하는 기업가'. 이 같은 문장이 우리 사회를 변화시킬 수 있는 자원이 되는 문장이라고 생각한다. 한국 C&S를 통해 우리는 그런 이야기를 해보고자 한다.

봄날 바람은 꽃을 피우고, 꽃은 바람에 향기를 던져 넣어 주고

공장을 이전한 지 두 달여 밖에 되지 않은 한국 C&S의 인상은 말쑥한 정장 차림의 청년 모습이다. 동안이다. 공장 입구와 사무실 어디에도 35년 역사의 흔적을 찾는 것은 애초부터 무리다. 더구나 철저히 일을 위한 공간, 생산을 위한 공간이 전부다. 더구나 일반인들에 생소하기 짝이 없는 정밀화학이 주력인 한국 C&S에 처음부터 문화의 요소가 감지된다는 것 자체가 기대 밖이라고 볼 수 있다.

그런데 나 대표의 집무 공간으로 올라가는 2층 계단 통로에 들어서면 생각이 확 바뀌고 만다. 한국화가 하완현 작가의 그림이 가장 먼저 손님을 맞는다. '봄, 바람, 꽃'(장지 위에 석채, 162㎝×130㎝, 2003년)이다. 그림에 대해 문외한인 사람일지라도 예외 없이 '봄, 바람, 꽃'을 지나야 한국 C&S의 정수(精髓)에 들 수 있다. 그림을 통과하여 사람을 만날 수 있다는 것은 마치 사찰의 일주문이나, 한옥의 솟을대문을 지나는 일에 견줄만한 것이라고 생각한다. 그림을 넉넉하게 감상할 수 있는 공간과 조명이 미흡한 것은 공장에 걸린 작품이 감당해야 할 몫이라고 보였다. 봄날 바람은 꽃을 피우고, 꽃은 바람에 향기를 던져 넣어주고 있는 남도의 화창한 곳에 대한 기억 하나쯤 갖고 살지 않은 사람이 있을까. 나 대표는 '봄, 바람, 꽃'에 대해 짧고도 분명하게 한마디 한다.

"맑고 밝은 그림이 좋습니다."

그림을 잘 알지도 남에게 특별히 설명해 본 일도 없다는 나 대표다. 다만 '봄, 바람, 꽃'은 첨단1단지에 공장에 들어설 때인 2003년부터 지금까지 한국 C&S와 함께 하고 있다. 어찌 보면 한국 C&S와 호흡을 같이 하고 있는 것이다.

"하완현 작가를 안 지는 오래 됐어요. 그림도 좋지만 사람이 그렇게 좋아요. 사람이 됐어요. 사람이 좋으니까 그림이 더 좋아지는 것 같습니다. 우리 같은 사람은 그림을 어찌 알겠어요. 하지만 기업도 그렇고 우리 사회도 그렇고 항상 맑고 밝고 긍정적인 힘을 가진 것들이 좋더라고요."

그림은 곧 그 사람입니다

나 대표의 그림을 대하는 방식은 현학적이지 않아서 좋다. 쉽고 친근하다. 가까운 이웃이나 마음 편하고 사람이 좋으면 모든 것이 그 사람으로부터 나고 그 사람에게 귀결된다는 식이다. 그림을 어떻게 봐야 한다느니, 그림이 무엇이어야 한다는 식의 어떤 자세와 선지식도 작용되지 않은 순수 그 자체의 방식이다. 본 대로 느끼는 대로다. 동물적 직관을 밑바닥에 깔고 한 번에 알아채는 방식이다. 그런 뒤에 갖는 무심한 태도가 무겁지 않은 특징을 지녔다.

그림을 갖고 있으되, 그림이 거기 있는지조차 모르고 현실에 살기 마련인 것이 기업하는 사람의 현실이기 마련이다. 그러다가 어느 날 항상 그 자리에 그림이 서 있을 때를 새삼스럽게 알아채는 순간, 삶의 본질과 만나왔을 때만이 그림에 대한 소유욕이 사라져버리는 단계라고 본다. 나 대표가 하완현 작가와 작품을 말하는 목소리와 표정에는 그 단계마저 극복해 버린 듯한 인상이 짙게 느껴졌다.

"남이 하지 않는 틈새시장, 매출이 몇 천 억 하는 것은 경쟁이 심한데, 특수 고무 분야 같은 것은 개발하기가 굉장히 어렵습니다. 금형 제작하는 과정에 들어가는 특수 고무를 제작할 수 있는 나라는 미국과 한국의 우리 회사가 유일합니다.

그렇지만 항시 '좀 더, 좀 더' 하는 그런 마음을 가집니다. 여전히 남이 도달할 수 없을 정도의 신제품, 그리고 개발에 심혈을 기울입니다."

35년 된 기업 CEO의 말이다. 작품 '봄, 바람, 꽃'을 10년 넘도록 간직하고 있는 기업가에게 슬며시 회사 이야기를 건넸더니 첫 일성이 강렬하다. 동백과 진달래, 매화가 그렇듯 봄바람 속에 피는 꽃의 자세와 본색이 바로 이런 것일 거라는 생각이 들었다. 그러니 한국 C&S는 나 대표를 만나기 전에 '봄, 바람, 꽃' 속에서 만나는 한국 C&S와 집무실에서 나 대표를 만나고 나서의 '봄, 바람, 꽃'을 만나고 난 뒤까지를 한 화폭에 넣을 때 비로소 하완현의 작품을 제대로 만끽할 수 있다. 회사 이야기를 조금 더 들었다.

"남이 하지 않으면서도 한국이 수입해서 쓰는 것을 국산화 하는데 초점을 맞췄습니다. 금호타이어에서 수입해 오던 것을 저희가 국산화해서 금호타이어에 저희의 제품이 제공되고 있습니다."

그의 말을 듣는 순간, 어떻게 보면 한국화가 하완현이 한국화가로서 한국화에 추상을 도입하는 실험적 작품 활동으로 화단에 기대주로서 주목 받았던 창작 행위와도 맞닿아 있기도 하다. 35년 된 세계 최고의 기술력을 확보한 기업이 지금도 서슴없이 '좀 더, 좀 더'를 강력하게 주문한다고 하질 않는가. 이것이 나 대표의 근본이다.

그림에 갇힐 일은 아니다

"제가 책을 좋아하는데, 사람 사이의 인연에서 배우고 그 다음이 책에서 배우는 게 많습니다. 그러면서 알게 된 것이 절대 무리하지 말아야겠다는 것입니다. '키우는 것이 최상은 아니다'라는 것입니다. 오히려 작지만 알차고 오래 가는 회사 즉 장수하는 기업을 만들자는 것이 제 생각입니다."

나 대표는 주로 독일이나 일본을 보면 매출이 50억 정도 내외의 회사들이 장수하는 기업들이 많은데 이 같은 회사를 모델로 삼고 있다고 한다. 100년, 200년 가는 기업을 만들고 싶다는 것이다.

이 무렵쯤에 눈에 들어오는 작품이 '무등산'(장지 위에 석채, 33㎝×21㎝)이었다. 역시 하완현의 작품이다. 서산(瑞山)이라는 호를 갖고 있다는 나 대표가 무등산을 머리맡에 두고 지내는 것을 딱히 이색적으로 볼 일은 아니다. 그런데 무등산이라는 이름에 걸맞지 않은 작은 공간에 담긴 '무등산'이 굳이 무등산이 아니어도 좋을 만큼 크게 보이는 이유도 사실 나 대표의 기업관 때문이다. 고백하자면, 사실 필자는 이번 취재를 위해 하완현 작가와 따로 만남을 가졌다. 그리고 나 대표와 하완현 작가와의 만남도 우연하게 일어났다. 전화번호를 잃어버리고 지내다 이번 일을 계기로 작품을 통해 사람이 다시 만나게 된 것이다. 사람을 통해 그림을 만나게 되고, 때로는 이번처럼 그림을 통해 사람의 만남이 일어나는 게 찬 샘물을 넘기는 것처럼 상쾌하고 사람이 맑아진다는 생각을 모처럼 했다.

무등산을 무등산으로 부르든, 무등산을 무등산으로 보지 않든지 결국, 보는 사람의 일이다. 그림에 갇힐 일은 아니지 싶다. 한국 C&S 생산 제품의 80%가 세계에 수출되는 것과 같이 무등산은 도립과 국립의 범주를 넘어 존재감을 갖는 것은 무등산의 정기를 마시면서 사는 사람들에 달렸다는 생각을 해 봤다. 하완현 작가는 한동안 창작 활동을 중단했다고 고백했다. 그리고 이제 다시 그림에게 돌아왔다고도 또박또박 눌러 말했다. 지금까지 주재료로 사용해 온 석채(石彩)에 대해 설명할 때의 그 진지함과 생기가 잊혀지지 않는다.

"그림을 그릴 수 있는 지금이 최고로 행복해요."

하 작가가 화단으로 돌아오기 위한 호흡을 가다듬고 붓에서 별가루가 쏟아지듯 석채와 함께 밤을 이기고 있다는 소식은 나 대표에게도 광주에게도 한국 화단에도 반가운 일이지 싶다. 구상과 비구상, 실험과 전통의 경계를 놓고 갈등하는 모습이 아니라 자신의 길, 자신만의 영역을 개척해 가고 있는 하완현 작가와 욕심없이, 무리하지 않고 우리 지역의 힘을 바탕으로 끊임없이 새로운 기술에 도전하고 있는 나기수 대표의 한국 C&S와는 공교롭게 겹치는 부분이 있어 보인다.

나 대표는 소리 내지 않는 사람이면서도 항상 밝고 유쾌하게 소리 내어 웃는 사람이다. '봄, 바람, 꽃'의 따로 떨어진 분홍꽃인가 하면, 샛노랑 바탕 위에 무리지어 피어 있는 꽃이기도 하며, 끊어지지 않는 둥근 고리이기도 한 세상을 한 몸에 지닌 경영인이다. '봄, 바람, 꽃'의 작품과 나 대표와는 경계가 없어 보인다. '봄, 바람, 꽃' 를 통해 전달하고자 하는 메시지는 한국C&S에서 매일처럼 새롭게 화학 반응하는 중이다.

예술을 품은 기업3 - 에덴병원

"병원은 어디까지나 병원다워야 한다."[37]

에덴병원은 이런 점에서 개인 예술을 하는 공간이 아니라 집단 예술, 공공 예술의 현장이라고 할 수 있다. 허정 원장은 바로 이 집단 예술촌의 '촌장'이나 '이장'쯤이라고 해도 좋을 것 같다. 우리 지역에서 가장 정통성과 철학, 생명과 환희 감동이 일상적으로 흐르는 예술 마을이자, 감동적인 예술 작품이 에덴병원인 것이다.

병원은 환자에게 생명의 '바름'과 '믿음' 주는 곳

글을 쓰면서 늘 경계하는 것이 있다. 편견이다. 기업이나 사람이 명세를 얻게 되고나면 자연히 예기치 않는 편견도 동반되기 마련이다. 에덴병원의 명성 또한 남다른 데가 있다 보

37) 대동문화 79호(2013. 11~12월호)

니 은근슬쩍 기대감이 높았던 모양이다. 요즘 어지간한 병원이나 기관, 혹은 기업 입구에 맞춤한 그림 한 점 없는 곳은 없다.

하물며 1993년 개원 이래 만 20년이나 된 병원에 '그림이 없다?' 이런 것은 굳이 상상할 필요가 없는 문제다. 더구나 광주광역시는 속살이야 어쨌든 예향의 면모와 함께 아시아 문화중심도시를 일구고 있다. 대한민국 최고의 자연분만율을 자랑하는 에덴병원이 광주에 있다는 것이 자랑거리고 보면, 병원 곳곳에서 풍성한 문화예술의 향취를 만나는 것은 그다지 어려운 일이 아닐 것이기 때문이다.

산부인과의 특성이 여성들이 주로 찾는 곳이니 만큼 더욱 정서적인 면을 고려해 그에 걸맞은 그림, 사진, 조각 등이 다양한 환자들을 안정감 있게 해 줄 중요한 요소라는 생각쯤은 의례히 할 수 있다. 그런데 에덴병원 허정 원장(64세)은 이런 모든 생각을 일격에 물리친다.

의사 가운 한 벌이면 족해

"병원은 병원다워야 하는데 병원들이 모두 변했어요. 기준과 가치관을 잘 모르는 사람들이 시대를 휩쓸고 있어서 병원도 그런 영향권 안에 있는 거죠."

병원 1층 대기실 로비에 30분을 기다리며 곳곳을 기웃거려 봐도 소품 한 점도 걸려 있는 것을 보지 못했다고 했더니, 대수롭지 않게 답변한다. 솔직히 말문이 막혔다. 더 이상 에덴병원에 머무른다는 것이 무의미할 정도로 암담했다. 그래도 그렇지 20년 된 병원이 흔한 미술품 하나 없을 리가 없지 싶어 재차 여쭤도 소용이 없다.

"나는 예술 분야에 조예가 없어요."

아무 거리낌이 없다. 이렇게 답을 하는 허 원장의 태도에는 한 점의 망설임이나 겸양의 태도란 것이 느껴지지 않을 만큼 간결하고 담백한 대답이 이어졌다. 단순한 인사가 아니라는 것인데, 주변의 시선 따위는 개의치 않는 눈치다.

"의사가 가운 한 벌이면 족하지 뭘 더 바라고 내세울 게 있겠어요."

산부인과가 병원의 특성상 사회생활을 편하게 할 만한 형편이 아니라는 말과 함께 넌지시 털어놓는 말이다. 음악회나 전시회가 있다 해도 일일이 찾아다니기 쉬운 것은 아니란다. 갑자기 찾아오기 마련인 분만 직전의 임산부들 때문에 실상 마음을 내기 힘들다는 고백이다.

그렇다고 하더라도 새로운 생명의 탄생을 관장하고 지켜보고 생명의 환희로 가득한 병원에 그림 한 점 없다는 것을

어떻게 이해해야 할까?

"우리 병원은 바름과(正) 믿음(信)을 바탕으로 지금까지 해 왔어요. 분만이라는 것이 가장 극적이고 신비스러운 일이죠. 그만큼 위험 부담이 큰 것도 사실이고요. 대형 의료사고의 절반 정도가 산부인과에서 발생해요. 그런데 여기에 삿된 것이 개입된다면 어떻게 되겠어요. 생명이 소중하고 아름다운 만큼 인간으로서 인간에게 바르고, 인간이 인간에게 믿음을 주는 것이 최우선이라고 봅니다."

최근 우리 사회에 일고 있는 산부인과 의사 기피 현상이나 산부인과 병원이 사라지는 세태가 이곳 에덴 병원에도 영향이 없는 것은 아니라고 한다. 산부인과가 사회적 변화와 정부의 현실을 모르는 탁상 정책으로 초토화됐다는 지적도 빼놓지 않는다.

그림이나 예술 전반에 대해 무감한 것이 아니라, 허 원장이 그리고 있는 그림은 현실의 상황이 훨씬 극적이고 사실적이라는 생각에 머물고 있다고 느껴졌다. 다만 필자만이 편견에 사로잡혀 그림을 보고 그림을 찾아 헤매고, 음악을 들으면서도 음악을 찾는 꼴이다.

여성의 눈물과 환희를 창조하는 행위예술가!

허 원장을 만나기 위해 진료실 밖에서 30분이 넘도록 기다리는 동안, 침울한 표정을 한 중년의 여성이 대기실 의자에 앉아 자신의 이름이 불리기를 기다리다 결국 훌쩍이며 눈물을 몰래 훔치는 것을 보았다. 그리고 자신의 이름이 불리자 동행한 친구의 손을 잡고 조바심치며 종종걸음으로 진료실로 들어가는 것을 내내 지켜봤다.

10분 정도가 흘렀다. 통상 생각해 보면 꽤나 긴 진료 시간이 걸린 셈이다. 문이 열리고 밖으로 나온 그 여성의 표정이 바뀌었다. 그곳에는 허 원장을 만나기 전의 한 여성과 허 원장을 만나고 난 다음에 한 여성이 완전히 다른 여자처럼 서 있는 것 같았다. 이토록 호기심과 상상력을 자극하는 작품을 어디에서 만날 수 있을까? 허 원장은 그림을 구경하고 소비하는 사람이 아니라, 여성의 눈물과 환희의 순간을 직접 창조하는 행위예술가구나라고 순간 깨달았다.

아이 한 명을 낳는 과정에 필요한 의료 인력이 25명 정도가 된다고 한다. 언뜻 이해하기 어려운 숫자다. 그러나 허 원장의 설명은 시종일관 명쾌하다. 생각해 보라는 식이다. 의사와 간호원, 조무사, 조리원 인력 등 아이가 한 명 태어난다고 하면 아이와 아이 엄마를 위한 인력은 무조건 100%가 가동되어야 한다는 것이다. 단순 경제 논리로 어느 것 하나를 생략하고 긴축할 수 없다는 것이다. 이같이 한 생명의 탄생을 위해 협업하고 조화를 이루는 일의 정점에 허정 원장이 늘 필요하다. 그러니 의사로서 경영자로서 한가로이 자리를 비우는 일이 외부에서 보는 것만큼 쉽지 않다는 것이다.

자연분만이 아주 어렵게 된 경우라고 하더라도 에덴병원은 담당 의사 혼자서 수술을 결정하지 않는다고 한다. 자연분만이 아이에게나 아이 엄마에게 얼마나 더 이로운가를 아주 잘 알고 있기 때문에 마지막까지 신중에 신중을 기한다는 설명이다. 포기하지 말아야 할 가치와 철학, 원칙의 문제를 쉽게 포기하는 것이 우리 사회를 혼탁하게 한다는 것을 잘 알기 때문일 것이다.

특히나 생명 경시 풍조나 인간성 상실, 안정된 정서, 안정된 정서를 담은 인간성 등은 산부인과의 자연분만과 제왕절개 수술이라는 선택 과정에서부터 비롯된다는 믿음의 반영이라고 풀이된다. 과학자로서의 생명에 대한 가치와 존엄을 수호하는 윤리적 실천을 에덴병원은 타협하지 않겠다는 것이다. 이같은 책임과 소명 의식을 지키기 위해 자연분만을 포기해야 하는 최종 순간에 '최선을 다했는가.'를 함께 묻고 함께 숙고한다는 것이다.

에덴병원은 이런 점에서 개인 예술을 하는 공간이 아니라 집단 예술, 공공 예술의 현장이라고 할 수 있다. 허정 원장은 바로 이 집단예술촌의 '촌장'이나 '이장'쯤이라고 해도 좋을 것 같다. 우리 지역에서 가장 정통성과 철학, 생명과 환희 감동이 일상적으로 흐르는 예술 마을이자, 감동적인 예술 작품이 에덴병원인 것이다.

우주와 나무의 교잡(交雜)이 일구어낸 공간

마을 자체가 예술인 곳에서 예술을 찾아 두리번거리는 우매한 필자에게 그래도 굳이 '그림'을 찾는다면 '식당'에나 가야 찾을 수 있을 것이라며 안내해 준다.

안내해 준 병원 지하 직원 식당에서 만나게 된 작품은 손영환(목포대학교 미술학과 교수)의 "CHAOSMOS - 나무 두 그루 01"(Digtal Print, 2005년)이었다. 광남일보 김옥조 편집국장은 그의 책 <행복한 남도미술 산책>(대동문화재단, 2011년)에서 호남 근현대 화가 84인의 삶과 예술을 담았다. 그 84인 중에 한 명이 서양화가 손영환이다. 나무 두 그루의 강인한 생명력과 푸르른 기상이 기하학적 형상을 한 구형의 입체와 교잡(交雜)하고 있는 모습은 이곳이 산부인과라는 생각에서 보면 맞춤해 보이기도 한다.

하지만, 실제 에덴병원의 분위기에 맞춰 손영환의 작품이 이곳에 걸린 것은 아니란다. 앞서 말한 대로 허 원장은 병원 문을 잘 나서지 않지만, 대신 자신의 도움을 필요로 하는 곳이면 손길을 마다하지 않는다고 한다. 손영환의 작품도 허 원장이 보낸 후의에 대한 감사의 뜻으로 전달된 것이란다. 그의 작품은 2011년 서울 갤러리 이앙에서 선보인 개인전 '만화경 세상'의 출발점에 해당되는 작품으로 보인다. 추상성과 실경의 절묘한 조화를 통해 표현하고자 하는 주제 의식을 강렬하게 만들고 복합적인 상상력의 극대화를 꾀하고자 하는 작가의 의도가 고도로 은유화하지 않은 단계에 있는 작품이었다.

둥근 원형의 세계와 우주를 연결하는 상상력은 딱히 색다를 것이 없는 사유다. 하늘을 향해 우뚝 솟은 초록 나무의 기상과 욕망의 자세도 주제의식이 평이하기는 마찬가지다. 손영환의 작품이 무거운 주제를 단순한 구도 속에서 그 함의(含意)를 천연덕스럽게 던지는 이유는 무엇일까? 바로 우주의 원리, 자연의 욕망과 성장의 평범(平凡)과 무상(無常)이 예술적 기교 안에 있지 않고 바로 보이는 것 자체에 있다는 것을 암시하고 있기 때문인지 싶다.

에덴병원이 가장 예술적인 공간, 신의 영역이 관통하는 공간임에도 불구하고 담백하고 깨끗하면서도 군더더기 없이 생명 그것 자체에만 시공간을 할애하는 것과 손영환의 작품이 일맥상통한다는 생각이다. 이런 생각마저도 이곳이 산부인과 병원이기에 더욱 그렇게 풀이되는 측면이 있지만, 어쨌든 손영환의 작품은 엄마와 아이 사이를 잇는 탯줄처럼 에덴병원의 역사와 전통을 잇는 영양분이 되고 있었다.

한국 최고의 미술관이자 예술 작품

다음에 만난 작품은 우리 지역 중견 화가 김해성의 판화 "숲의 친구들-선물"(실크스크린, 2012년)이다. 에덴병원이 소개되고 나면 사람들은 놀랄지도 모른다. 예술 작품의 부재에 놀라고, 걸린 작품의 검박함에 두 번 놀랄 것이다. 한 가지 더 이처럼 몇 안 되는 그림마저도 식당에 걸어 놓은 무감함에 기겁할지도 모른다.

그나마도 김해성의 작품은 에덴병원에서 가장 화려한 색감과 활달함을 갖춘 무대를 선사한다. 상당히 튄다. 당초 김해성 작가의 최근 작품들은 유화와 판화를 막론하고 유년의 동화 속을 여행하는 듯한 작품이다. 그러나 에덴병원이 병원으로서의 충실한 기능에만 목매는 동안, 뻐꾸기가 자신의 알을 남의 새 둥지에 낳아 키우는 것처럼 에덴병원은 '숲의 친구들'을 '선물'처럼 키우고 있었다. 바쁜 병원 업무에 쫓겨 허

겁지겁 점심을 맞이하는 병원 식구들에게 김해성의 작품은 파프리카처럼 상큼하고 싱싱함이다.

필자는 그림이 있는 곳은 그곳이 어디가 됐든 갤러리요, 미술관이라는 생각을 감히 하곤 한다. 그러나 어느 곁엔가 항상 그림이 있어야 할 만한 공간, 그림과 어울릴 만한 공간을 상상하고 기대하는 것 또한 쉽사리 포기되지 않는다는 사실을 이번 에덴병원 방문을 통해 깨닫게 되었다.

병원을 돌아 나오면서, '병원은 병원다워야 한다.'던 허정 원장의 말이 머리를 떠나지 않는다. 작가의 창작 공간을 떠난 그림이 갤러리와 미술관을 거쳐 그 어딘가에서 어떻게 존재하는가를 조명하는 작업이 이번 기획의 묘미라고 할까. 그런데 생각보다 너무도 빨리 새로운 사실과 맞닥뜨리게 되었다. 치열한 삶의 현장 그 자체가 예술이라는 사실을 놓쳤다는 사실이다. 에덴병원은 한국 최고의 미술관이자 예술 작품이었다. 생명의 역사가 시작되고 생명의 가치를 지켜가는 곳이 곧 예술영역의 최댓값이지 않을까. 작품과 예술을 대상물로 인식하고 그 대상물 속에서 세상을 해석하려는 우매한 행동을 겁 없이 반복하는 일을 여기서 멈춰야겠다.

예술을 품은 기업4 - (주)국민통신 · 산업 · 레저

청산도의 붉은 동백을 닮은 소년의 꿈[38)]

지역의 자본과 기술이 지역의 우수한 예술 자원과 만나 새로운 미래 먹거리를 준비하는 꿈을 꾸고 있다. 윤풍식 (주)국민통신·산업·레저 회장은 "광주가 비전을 갖기 위해서는 창작하는 사람과 기업, 지역사회가 서로 융합하고 발전해 나갈 때 우리의 후손이 광주에 산다는 것을 자랑스럽게 생각하는 풍토가 될 것이다."고 말한다.

그림과의 인연을 묻는 질문에 대뜸 아버지 이야기부터 풀

38) 대동문화 80호(2014. 1~2월호), 원고 속 사진을 확보하지 못해 재수록하지 못했음을 밝혀둔다.

어놓는다. "38년을 청산도에서 우편배달부로 사셨어요." 윤 회장의 아버지에 대한 첫 일성이다. 청산도가 관광지가 되기 이전부터 청산도에 아버지의 혼을 딴 미술관을 지어 완도에 기증하겠다는 생각을 했다는 것이다. 38년을 청산도의 구석 구석을 우편 배달하며 돌아다녔기에 아버지를 모르는 사람은 아무도 없다. 그런 아버지가 6남매를 모두 광주로 학교를 보내 장성하게 키우셨는데, 그에 대한 보답으로 청산에 아름다운 전시관을 설립하고 싶다는 것이다.

청산도는 천혜의 관광자원은 풍부하다. 그러나 인간이 만들어낸 아름다움 가운데 예술만한 게 없는데, 청산도에는 변변한 전시관 하나 없는 현실이 안타까웠다고 전한다. 그래서 윤 회장의 꿈은 결코 꿈이 아니라 현실을 향해 계속 달리고 있는 중이다. 그런 생각이 있었기에 윤 회장은 20년 전부터 서두르지 않고 차근차근 다양한 작품들을 모아왔다고 한다.

"전공이 이공계다 보니 문학이나 미술, 예술에 대해서는 문외한으로 살았다. 군대도 정보통신 업무를 했고, 직장까지 통신 업무를 했으니 문화 예술과는 거리가 멀 수밖에 없는 게 현실이었다."

나름대로는 전공 분야가 최고인 줄로만 알고 살았다는 고백이다. 그러다가 예술인들과 막걸리 한 잔 하며 차츰 예술,

문화, 사상 등 다양한 인문학적 사고를 갖춘 분들과 교류하면서 인간의 삶의 기본은 바로 문화 예술이고, 인문학이라는 깨달음을 얻었다고 한다.

인간 삶의 절반 인문학적 향기 있어야

“인간이 지녀야 할 기본을 무시하거나 도외시한 채 기술만을 좇아 살아온 내 자신이 부끄러웠다. 기본을 모르고 살아온 것에 대한 후회도 컸다. 문화 예술을 모르는 삶은 온전한 인간으로 사는 데 균형을 잃은 삶을 사는 것과 같다. 밸런스가 맞지 않은 삶을 사는 인간을 어떻게 참 인간이라고 할 수 있는가?”

이런 깨달음이 계기가 되어 아무것도 모르는 상태에서 기회가 될 때마다 작품과 인연을 맺게 되었다고 한다. 이를테면 초기에는 유명한 작가의 작품을 보면서 “말할 수 없이 예쁜 색을 내기 위해 얼마나 고민했을까” 하는 소박한 생각부터 출발해 지금은 그 색깔의 밑에 가려진 ‘정성’을 들여다보는 정도까지는 된다고 웃으며 설명한다.

“작품을 사무실에 걸어두면 직원들도 처음에는 그냥 무신경하지만, 나중에는 스스로 안목이 생긴다. 작품을 걸기 전에 어떤 그림이 더 좋은가를 자주 묻는다. 작품을 가운데 두고 이런저런 이야기를 나누다보면 직원들도 내가 경험했던 것처럼 작품을 보는 눈이 좋아진다는 것을 느끼게 된다."

요즘에는 직원들도 다른 곳에 가서 회사에서 본 작가의 작품을 만나게 되면 기분이 좋아진다는 말을 듣게 된다. 총무직 5명을 제외하고 100여명에 이르는 직원들이 모두 기술직에 종사하고 있는 회사치고는 꽤나 문화예술적인 분위기가 원숙하게 느껴지는 것은 순전히 윤종식 회장의 의지이기만 한 것 같다.

놀라운 것은 이것뿐이 아니다. 1달에 1번꼴로 책을 읽고 전 사원이 독후감을 쓰고 있다면서, 책 한 권을 꺼내 놓는다. 1년 동안 직원들과 함께 책 읽기를 하고 나서 쓴 독후감을 모아놓은 책이었다. 기술인들일수록 깊이 있는 인문학적 사고가 갖춰져야 한다는 생각에서 추진하고 있는 사업이란다.

물론 직원들은 야근을 하라고 하면 하더라도 '독후감' 만큼은 피하고 싶다는 의견이 없는 것은 아니지만, 윤 회장의 결심은 타협의 여지가 없어 보였다. 그도 그럴 것이 문화예술을 통해 회사의 미래 비전을 구상하고 있는 윤 회장으로서는 직원들의 인문학적 안목과 가치에 대한 몰이해는 회사의 미래를 암담하게 하는 암초와 같은 것이기 때문이다.

고향 청산도에 핀 동백꽃의 붉은 빛은 맑다

윤종식 회장의 집무실과 사무실 벽 곳곳에는 다양한 작품들이 저마다의 특색을 하고 자리를 잡고 있다. 세련되고 정돈된 갤러리의 모습은 아니다. 작품은 천장 쪽으로 바짝 당겨져 걸려 있는 탓에 감상자들에게는 상당히 불편해 보였다. 걸려 있는 작품의 대부분이 맞춤한 장소를 찾았다기보다는 신념에 달력 걸 듯이 했다. 이 또한 사실은 건설과 설비, 통신을 다루는 일의 특성과 연관이 있어 보인다. 작품이 눈높이에 있게 될 경우 바쁘고 투박하게 일하는 기술 업무의 특성상 작품의 손망실을 고려한 배치가 아닌가 생각해 보았다.

그러나 윤 회장의 색에 대한 애정은 놀라운 정도다. 천경자 화가의 판화 작품과 소품을 이루 헤아리지도 않게 걸어둔 것은 둘째 치고라도 윤 회장은 취재를 간 일행에게 그 색깔의 오묘함을 보여주기 위해 집무실에 놓인 랜턴을 꺼내 그림을 비춰본다.

"색깔이 얼마나 고운지 그냥 봐도 좋은데, 이렇게 불빛을 비춰보면 은은한 색깔이 왜 천경자, 천경자 하는가를 알 수 있어요."

그러나 그가 가장 아끼는 그림은 따로 있었다. 전남대학교 서기문 교수의 '눈 속의 붉은 동백'이다. 2011년 그의 부탁으로 작업된 'Purity'(Watercolor on Paper, 90.9×72.7cm, 2011)라는 작품이다. 순수라는 이름의 작품이 흰 눈 속의 동백과 절묘하게 잘 어울렸다. 서기문 교수의 최근 작품들은 수채화임에도 사회적 문제 의식을 담아 현실 세계의 인물을 사실적 기법으로 과감하게 화폭에 옮기고 있다. 오히려 국민동신에 길러 있는 작품은 그의 최근 작품의 경향에서 보건대 흔히 수채화가 보여주는 통상적 분위기에서 한 걸음도 나아간 작품은 아니다.

"고향 청산도에서 봐온 동백꽃의 붉은 빛은 다른 곳에서 보는 빛깔과 비교되지 않는다. 맑은 곳이다 보니 동백꽃의 붉은 빛깔도 그 진하기가 말할 수 없이 곱다. 나는 아저씨가 유년 시절부터 봐 온 청산도의 동백꽃에 버금가는 빛깔을 만난 적이 없었다. 그런데, 서기문 교수의 동백꽃은 볼 때마다 청산도가 그리워지고 그 색깔에 자꾸 빠져든다."

누구나 고향이 있고, 그 고향에 대한 색깔이 있기 마련이다. 청산도 출신의 윤 회장이 기억하는 색깔은 흰 눈 속에 핀 동백의 붉은 빛으로 가득하다. 그에게 붉은 색은 저항의 색이 아니라 유년의 순수의 색이며, 따뜻하고 포근한 양지의 색이자, 어머니의 색이라는 생각이 든다.

문화와 예술을 후손에게 물려줘야

다음에 소개 받은 작품은 1926년 전남 무안 출생으로, 1945년 남농 허건 문하에서 그림을 시작했다는 아산 조방원 선생의 작품이다. 특이할 만한 사실은 두고두고 보고 싶은 작품 가운데 최고로 뽑는다는 조방원 선생의 작품은 자신의 집무실이 아닌 부사장 방에 걸어두고 본다는 것이다. 그래서 작품이 보고 싶을 때마다 그 방에 들러 작품을 구경한다는 것인데, 이 또한 참 겸손한 작품 감상 태도가 아닐까 생각해 보았다.

그만큼 예술 자체를 소유의 개념이 아닌 공유, 공적 자산으로 인식한다는 느낌을 강하게 받았다. 귀한 것을 귀하게 생각하는 것은 맞지만, 귀한 것이 갖고 있는 경외와 존재감이 예술에 친숙해지고 편안해지는 것까지 훼손되어서는 안 된다는 것이다.

그러니 작품을 소유하되, 철저히 나누는 것, 공유하면서 느끼는 것이 예술과 함께 막걸리 마시기 좋아하는 사람의 본분이 아닐까 생각하게 하는 대목이다. 아무리 유명한 작품을 창작하는 사람이라 하더라도 막걸리를 같이 먹다 보면 작품과 사람의 문제가 이해되고 가깝게 느껴진다는 윤 회장의 모습에서 진솔한 인간미가 묻어난다.

조방원 선생의 작품에는 무욕(無慾)과 선한 노동(勞動)이 함께 하고 있다. 가난하지만 성실한 자세로 가문을 일구고, 삶에 충일(充溢)하는 부지런한 민초들의 삶이 녹아 있다. 농담을 과감하게 생략한 진묵(眞墨)을 그대로 살린 나무들의 기개는 삶에 대한 강한 남성성을 드러내고 있어서 시선을 사로잡는다. 현실 세계에 있을 법하지 않은 세계임에도 과감하게 민초의 삶에 결을 둠으로써, 마치 가족과 여성, 후손의 삶을 두루 책임지면서 감싸 안고 사는 근육질의 남성의 넓은 품을 보여주고 있었다.

자본과 기술이 예술이 만나는 행복한 상상

조방원의 작품과 앞서 이야기한 동백의 이미지는 매우 다른 색조로 이질감마저 든다. 이는 윤 회장의 작품에 대한 독특한 취향의 문제는 아닌 것이다. 오히려 이 두 작품의 남성성과 여성성, 무채색과 맑고 선명한 색채의 두 성질을 균형 있게 지닌 채 살고 있는 것이라고 보여진다.

이런 그의 특징 덕일까. 그는 요즘 새로운 꿈을 꾸고 있다고 한다. 지역의 자본과 기술이 우리 지역의 우수한 예술 자원과 만나 새로운 미래 먹거리를 준비하는 꿈을 꾸고 있다는 것이다. 지역의 경제인들이 문화와 산업의 문제를 별개로 생각하는 것 자체부터가 넘어야 할 산이라고 보았다. "광주가 비전을 갖기 위해서는 창작하는 사람과 기업, 지역사회가 서로 융합하고 발전해 나갈 때 우리의 후손이 광주에 산다는 것을 자랑스럽게 생각하는 풍토가 될 것이다."고 힘준다.

"우리가 알고 있기에 100년, 200년 가는 기업이 얼마나 되는가 생각해 봐야 한다. 그러나 단순한 책 한 권도 100년은 간다. 100년 된 기업도 시간이 흐르면 기업조차도 모르는 게 현실이다. 문화와 예술은 그렇지 않다. 회사를 넘겨줄 것이 아니라, 우리의 문화와 예술, 역사를 후손에게 넘겨줘야 한다."

박구환, 꽃과 그림자는 한몸이다[39)]

– 박구환의 「피어나다-목련」을 중심으로

얼마 전 똘사과(일명 꽃사과)나무 두어 그루를 심었다. 똘사과나무 크기는 갓난아기 키만큼 정도밖에 되지 않았다. 소나무 그늘 아래서도 봄기운 탓인지 초록의 이파리가 돋아 있었다. 마을 사람들은 확신에 차서는 이구동성으로 말했다. 인근 사과나무밭 땅에 떨어진 사과를 먹은 새의 소행이라는 것이었다. 새의 뱃속을 지나온 사과씨가 배설된 자리에 싹이 기묘하게 텄다는 것이다. 나는 이것을 지난해 작고한 어머니 묘소 인근에 옮겨 심었다. 똘사과나무에서 피는 사과꽃이 기막히게 예쁘다 해서다. 그것도 한 생명의 몸을 통과해 낳은 귀

---

39) 박구환 판화가의 2011년 "박구환, 꽃과 그림자는 한몸이다" 전시작품 해설

한 인연이니 말해 뭐하겠는가.

이때쯤 내 가슴에는 이미 꽃이 피어 있었다. 화가 박구환의 「피어나다-목련」(60.5x39cm 유성목판화 2009) 이다. 그의 꽃은 질 줄 모른다. 지지 않는다.

그렇지만 지지 않는 꽃이 어디 있겠는가. 지지 않는 꽃을 그리는 남자, 바로 이것이 화가 박구환이 존재하는 이유다. 꽃이 가장 아름다운 찰나를 영원으로 창조하는 마법을 가진 술사가 화가다. 그 가운데 박구환이 있다. 박구환은 자목련의 매력이 극에 달한 순간을 아는 시인의 눈을 가진 화가다. 화가는 곧 시인이라는 생각을 갖고 있는 나는 그의 모든 창작행위의 출발이 시인과 다르지 않다고 확신한다.

박구환은 백목련(白木蓮) 대신 암자색 자목련(紫木蓮)을 꽃피우는 사람이다. 보통은 꽃 자체에 빠져 꽃 그대로를 형상화하는 작가가 있다. 반면에 꽃의 삶을 과감히 생략하는 작가가 있다. 박구환은 이 둘의 경계를 무너뜨린다. 박구환의 꽃 그림에는 꽃의 자태, 빛깔, 여성성, 욕망, 환상이라는 낱말 밖에 존재하는 새로운 세계를 보여준다. 꽃이 햇빛에 노출되어 만들어지는 꽃의 그림자와 가는 나무줄기가 만들어 낸 그림자가 그의 그림을 통해 만날 수 있는 미적 쾌감이자 감동의 열쇠다.

칼과 붓은 하나다

이면적 세계를 담지 못한 작품은 심심하다. 그런 점에서 박구환의 「피어나다-목련」은 심심하지 않다. 그것은 유독 그림자 때문이다. 가지 끝에 달린 자목련의 각기 다른 모습만큼이나 그 그림자의 형상 또한 낱낱이 다르다. 이것도 따지고 보면 특별한 창작적 소재의 발견이나 새로운 개념을 담은 정의는 아니다.

그런데 그는 「피어나다-목련」을 제외한 다른 작품인 「피어나다-매화」(60.5x35cm 유성목판화 2009) , 「만개하여」(170x60cm 유성목판화 2009)에서 목련이나 매화라는 봄꽃, 그 자체에 눈을 잃어버리지 않고 그들이 햇빛에 노출되어 만든 그림자에 주목한다. 이것이 박구환의 작품이 주는 예술적 도전이며 존재감이다.

특이할 만한 것은 2009년 이전 박구환의 작품에는 사물의 그림자가 화폭에 반영된 예가 없다는 것이다. sea of breeze나 sea of sound가 발표되던 당시의 어떤 작품에도 그림자는 없다. 그에게서 그림자는 무엇일까.

그가 표현하는 매화의 그림자는 사실적이면서도 감성적이다. 본래 그림자는 빛의 산물이다. 빛이 없으면 그림자도 없다. 그런데 그림자하면 무슨 색이 떠오르는지 생각해 보라.

검은색이지 않던가? 그러나 이것은 사실과는 좀 다르다. 박구환은 이를 유감없이 보여준다. 그래서 박구환의 섬세한 시선이 매력인 것이다. 박구환의 그림자는 사실적이다. 그러면서도 색으로 표현된다.

박구환의 그림자에는 그림자의 본체가 드러나 있다. 그림자는 사물이 생략되기도 한다. 반대로 그림자는 사물의 모습을 또렷하게 닮아 있다. 이는 순전히 빛의 강약과 보는 사람의 시점과 위치에 따라 얼마든지 달라진다. 이것이 그림자의 운명이다.

박구환은 일련의 그림자를 반영한 목련과 매화작업 등에서 사물을 통해 드러난 그림자와 사물의 이파리와 줄기, 뿌리가 한몸임을 보여준다. 사실 이런 깨달음은 전혀 새롭지 않다. 오히려 진부하기까지 하다. 그런데도 박구환은 이미 묵을대로 묵은 세계에 붓을 댄다. 아니 칼을 댄다. 칼을 붓으로 쓰는 박구환의 작업은 묵은 것이 묵은 것 자체에 머물게 하지 않는다. 똑같은 대상이 붓으로 해석될 때와 칼로 표현될 때는 엄연한 차이가 있고 그 이유가 무엇인지를 뚜렷이 증명한다. 칼은 붓의 장점을 지향하고 또는 붓은 칼의 그것을 지향한다. 박구환은 붓과 칼을 동시에 섭렵해 온 화력을 봐서 칼과 붓의 장단점을 속속들이 꿰뚫는 신기(神技)를 보여 준다. 칼로 그

한가로운 마을-녹색지붕 Peaceful village-green roof_85x45cm

린 그림인지 붓으로 그린 그림인지를 인지하는 일이 불가능할 만큼 천의무봉의 경지에 닿아있다.

그에게 칼과 붓의 경계는 이미 없다. 붓이 곧 칼이며, 칼이 곧 붓인 경지에 닿았기 때문이다. 이 감동적인 경지는 그 특유의 노력과 서늘한 정신적 수련 과정에서 탄생한 것이 박구환의 매화이며, 목련이다. 칼과 꽃잎의 만남과 칼과 나무의 만남, 이 어울릴 것 같지 않은 만남을 박구환은 천연덕스럽게 보여준다. 이것이 그의 창작적 내공이다. 또한 그 속에서 우리는 칼을 잃어버린다.

한가로운 마을-소나무 Peaceful village-pine tree_85x45cm

그의 「피어나다-목련」, 「피어나다-매화」, 「만개하여」에서 칼로 작업된 느낌을 눈치 채기란 쉽지 않다. 그에게 이미 칼과 붓의 경계가 허물어졌기 때문이며, 칼의 끝에서 생명을 보았기 때문이다. 그의 칼은 죽음과 상처, 전쟁, 두려움을 초월한 새로운 정의다. 칼끝에서 목련의 꽃잎이 살아난다. 칼끝에서 매화꽃 잎이 만개한다. 그 뿐인가. 꽃을 피워내는 줄기들이 신비롭게 뻗어간다.

박구환은 매우 집중력이 좋은 사람이다. 한 순간의 실수에도 칼이 붓에 이르지 못하고 칼이 되는 순간을 허락하지 않기 때문이다. 나는 그의 집중력이 찾은 세계가 그림자였다고 믿는다. 칼과 붓이 다르면서 일체이듯이, 사물과 그림자가 동체라는 사실을 칼과 붓의 경계에서 드러내고 있는 것이다. 그의 그림에서는 그래서 그림자에서도 꽃이 피는 것이다.

꽃에게 그림자는 또 하나의 줄기이자 꽃이다

우리의 의식 안에 그림자에 대한 고정관념이 자리하고 있다. '그림자'와 '그늘'이란 말들 속에는 꽃이 피지 않는다. 생명의 활기가 느껴지지 않는다. 생의 반대, 활기의 반대, 환기의 반대, 맑음의 반대쪽의 세계가 모두 이 두 단어에 녹아 있다.

춥고, 어둡고, 외롭고, 고독하고, 상처 나고, 쓸쓸하고, 침울하고, 시들고, 눈물이고 이런 저런 복잡한 세계를 한데 모은 지옥(地獄)의 공간 정도를 상징하는 말들이 그림자와 그늘 속에는 강하게 묻어 있다. 그런데 박구환은 그림자에 매화를 피웠다. 목련을 피웠다.

또한 박구환의 그림자에는 색이 있다. 이 또한 매화와 목련과 그 그림자가 한몸에서 나고 자랐다는 분명한 깨달음 때문이라고 생각한다. 같은 몸에서 같이 피고 자랐기 때문에 이미 그림자는 나무의 꽃이자 줄기인 까닭에 박구환에게는 그림자마저도 꽃과 나무가 지닌 색깔에 물든 모습으로 동일시하고 있다는 생각이다.

간혹 화가에 따라서는 마을의 당산나무인 팽나무나 느티나무 고목(古木)을 화폭에 그리면서 그 그림자를 동시에 그려 그 나무의 웅장함이 마을 전체에 뻗치는 풍경을 담는 경우를 본다. 그림자가 마치 마을로 가는, 아니면 숲으로 가는 길 같아 보여서 그림을 보는 재미가 쏠쏠했던 적이 있었다. 나무가 하늘로 길을 내는 줄로만 알았다. 그러다 나무가 그림자를 통해 마을을 향해 숲을 향해 자신의 길을 내고 있는 모습을 보면서 뭉클한 감동을 받았다.

그런데 박구환은 '나무가 낸 길'에 천착한 것이 아니라, 매화나무와 목련의 생태 그 자체에 집중하고 있다. 나무와 그림자가 애당초부터 구별되지 않는다는 것이다. 그림자가 나무의 종속된 산물이 아니라고 생각하기 때문이다.

우리는 항상 고통은 나의 것이 아니기를 바란다. 상처의 시간은 기필코 나와는 상관없는 삶이기를 간절히 바란다. 그리고 철저히 외면하려고 한다. 좌절과 고통, 고뇌와 죽음에 이르는 모든 삶의 그림자를 부정하고 지우려고만 한다. 그러나 박구환이 갈파하고 있듯이 맵찬 겨울의 기록과 기억을 나무는 스스로 가지치기하는 법이 없다. 나무와 꽃이 태어나 자라

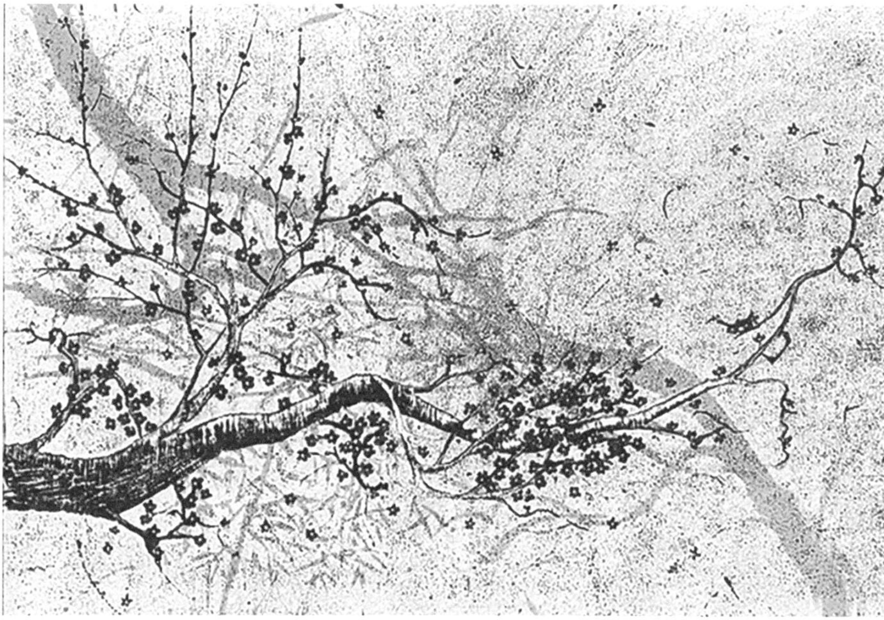

만개하여 In full bloom M11062_73x50cm_woodcut_2011

는 동안 함께 한 그림자를 던지는 일도 없다. 이것이 박구환의 시선이다.

그는 그의 작품 「sea of breeze」나 「sea of sound」에서 보듯이 한국인의 삶을 둘러싼 세계에 대해 따뜻한 시선과 손길을 멈추지 않아왔다. 그렇다고 창작자로서 억지로 그림 속에 과도한 창작적 열망과 어쭙잖은 사유를 버무리는 태도 또한

만개하여 In full bloom M1107_60x40cm_woodcut_2011

없다. 한 마디로 그림 그리는 행위 자체가 심신수련(心身修鍊)의 일처럼 솔직 담백하다. 삶과 색에 대한 과도한 집착을 이미 벗어 던진 느낌이다. 박구환은 색을 함부로 휘두르지 않는다. 그것은 그가 칼을 통해 세상과 소통하고 있기 때문으로 보인다.

남도를 사랑한 정인, 절제를 새기다

「피어나다-목련」은 생애 처음으로 꽃을 피운 자목련의 긴장과 겸손한 간결함이 흠뻑 묻어난다. 박구환의 목련 가지를 휘어 땅에 묻으면 금방 그곳에서 뿌리가 뻗을 것 같은 생명력의 순정함이 풍긴다.

목련꽃은 꺾고 싶어지는 꽃이 아니다. 달빛에라도 한 번 제 속내를 보이고 나면 금방 불타오른 가슴을 쏟아버리고는 이내 지고말기 때문이다. 피는가 싶으면 지는 꽃의 찰나를 누가 꺾을 수 있겠는가. 박구환은 그런 점에서 목련꽃의 그 짧은 생애의 찰나를 사랑한, 지독한 사랑에 빠진 정인(情人)이다.

목련을 비롯한 꽃의 찰나를 뼈에 새기는 화가, 그가 박구환이다. 그의 작품 속에서 만나는 꽃은 뿌리 깊은 집안의 이력을 지닌 사유할 줄 하는 힘을 지닌 여인 같다. 그 순결한 여인에게 직박구리 한 마리도 허락하지 않는 박구환의 세계에는 무서울 만큼 섬뜩한 절제가 돋보인다.

「피어나다-목련」은 한 오백 년씩 한 숨결로 살아온 마을 사람들 틈에 핀 칠순 노구를 이끌고 심어 놓은 돌담 옆에 핀 생명의 환희이자, 회한을 간직한 세계를 유감없이 보여준다. 늙음과 젊음이 극명하게 대비되는 순간을 간직한 세계, 꽃과 그 그림자의 세계를 한 눈에 알아 볼 수 있는 인생을 살아온 이의 깊은 침묵이 꽃봉우리로 맺혀 있다.

「피어나다-목련」에서는 오일장에 나가 국수 한 그릇에 친구 얼굴이나 보고 과일가게에나 들러 사과 몇 알 사 들고 돌아오는 노인이 떠오른다. 노인이 집에 돌아오는 길에 나무장사가 '꽃이 이쁘다'는 소리에 발을 멈췄다가는 '이게 무슨 소용인가'싶었다가 '그래도 그게 아니지' 싶어 사 들고 온 어린 자목련나무가 자란 것 같아서다. 생의 남은 날들 때문에 새로운 시간을 허락하는 것조차 망설여져, 달리는 버스 안에서 후회가 낙담이 출렁거렸던 오일장날 같은 날들을 간직한 꽃 같다.

귀 어둡고 눈 어두운 사람에게 박구환의 자목련은 이렇듯 소리 없는 눈물이다. 아이의 눈 속에 핀 자목련이 아닌 세월을 산 사람의 눈에 들어 온 꽃 같다. 이렇듯 그 어떤 기교도 사치스러움도 배제되어 있다. 무기교와 간소함만으로 화폭의 여백에 주눅 들지 않는 자태가 세상의 온갖 소란을 무색케 한다. 이것이 곧 박구환의 세계다.

나는 여전히 박구환의 작품을 먹은 산새 한 마리에 불과하다. 나는 그 배부름으로 숲에 잠들러가고 숲을 넘어가기도 한다. 새가 사과나무밭에서 사과씨를 먹어 사과씨를 배설하여 또 사과나무를 낳게 했듯이 박구환의 작품에는 오늘도 새들이 많이 날아온다. 나도 그에게 날아 온 한 마리 새였다. 배부르다.

"당신들에게 꽃이불 한 채 덮어드리고 싶다"[40)]

'순교자'에서 '세월호'[41)]까지

'당신의 꽃무덤'은 화가 김우성이 2001년 '광인일기', 2013년 '비 개인 날의 오후'에 이은 세 번째 개인전이다. 꼬박 3년 만이다. 김우성은 '광인일기' 이후 지속적으로 중소서민, 혹은 약자들의 무표정과 그늘의 순간을 좇고 있다. 이번 작품 역시 별반 다르지 않다. 다만, 이번 전시에서는 2014년 4월 16일 전남 진도군 앞바다에서 침몰한 세월호 사건을 담고 있다는 점에 주목한다. '팽목 가는 길', '우리는 대답할 수 있나', '너의 의미', '거리에서' 등 세월호 연작은 그 동안 소도읍을

---

40) 김우성 화가의 2016 '부유-당신의 꽃무덤'(광주무등갤러리) 전시작품 해설

41) 2014년 4월 16일 전남 진도군 팽목항 앞바다에서 침몰한 여객선

터전 삼아 살아가는 서민들을 창작적 소재로 삼아왔던 김 작가의 작품의 지향점이 무엇인가를 뚜렷이 보여주는 시도로 읽힐 만하다.

이번 전시에서 만나는 세월호 연작은 2001년 '광인일기' 전시에서 보여준 '순교자' 연작, '전야제', '사거리' 등과 맥을 같이하고 있다. 사회적 격랑 속에 마치 죽음과도 같은 세상에 무참히 던져진 인간의 고뇌와 이를 둘러싸고 있는 민중들의 집단적 절망과 절규에 동참하고 있는 것이다. '광인일기' 이후 15년을 지역 청년작가로서의 대중성에 사로잡히지 않고 우직한 면모를 보인 창작자로서의 기개와 내성이 만만치 않음을 보여주고 있다는 점은 반가운 일이다. 그의 초기 작품은 사회적 폭력 속에 속수무책이고 무기력한 인간의 절망을 '해골'과 '어둠'이라는 언어로 직접 표출하는 방식이었다. 상상력과 형상화 기법이 다소 거칠어 보였던 시기였다.

그러나 15년이 흐른 이번 전시에서는 불혹의 나이를 넘긴 그가 사회현상과 작품의 대상을 흥분하지 않고 차분한 응시의 태도를 보이고 있다. 이번 전시에서 이런 변화들이 어떻게 읽혀질지 주목되는 대목이다. 특히나 세월호 침몰과정에서 아직 귀환하지 못한 9명의 생명을 암시하는 작품에서는 눈물은 철저히 배제되어 있다. 그러면서 자유를 상징하는 하늘과

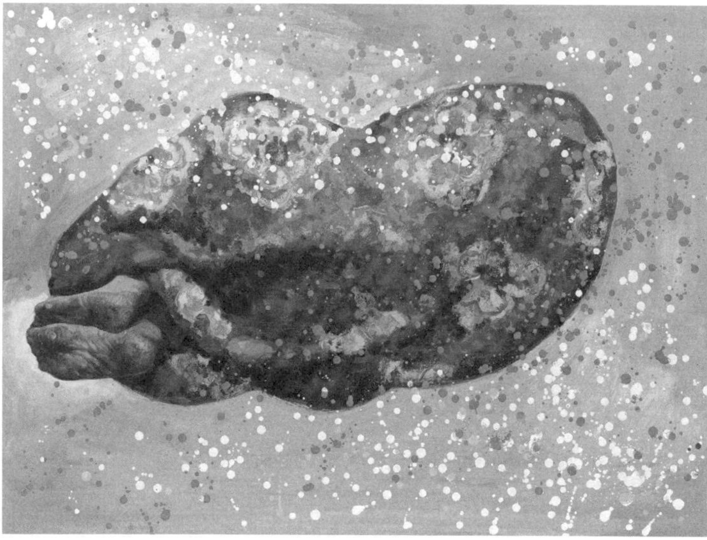

당신의 꽃무덤, 캔버스에 유화, 100cm X 80.3cm, 2016

생명이 잉태되는 물, 즉 바다를 동시에 대비시키는 작업을 통해 아픔을 극대화하면서 '뼛속으로부터 우는' 독자와 만나고 있다.

김우성은 '부유(浮游)'라는 언어를 통해 세월호의 참상을 담아내고 있지만, 죽음과 슬픔, 눈물, 아픔, 두려움 그리고 저항과 분노를 담아내는 방식으로 직설화법을 사용하지 않고 있는 점은 김우성이 사회적 현실을 삭히는 힘이 크게 작동한 것이 아닌가 한다. 혹자는 현실에 대한 지나친 객관화가 오히려 주제의식을 약화시킨 것은 아닌가라는 지적이 있을 수 있는 반면, 혹자는 주체할 수 없는 아픔이 구천(九泉)[42]을 떠돌고 있는 모습을 '부유'라는 은유 속에 잘 녹여냈다는 평가로 갈릴지도 모른다. 창작자로서 세월호 사태 이후 2년이 흐르는 동안 현재진행형인 사건의 실체를 두고 형상화하기까지의 창작적 고뇌의 결과가 어떤 평가로 이어질지 지켜볼 일이다. 나아가 세월호 사태 이후 다양한 민심의 표출행위가 예술계 내외에서 폭발적으로 이어져왔다는 점에서 본격예술을 지향하는 김우성 작가의 창작적 노력이 세월호가 던진 사회적 메시지를 확장하고 진상규명에 이르게 하는 촉매제로 작용하기를 기대한다.

'꽃무덤' 속에 핀 '이불의 미학'

해남군 현산면 고산로1296. 이곳에 위치한 허름한 폐교가 김우성 작가의 작업실이다. 11월에 찾은 그의 작업공간은 별빛이 박힌 어둠을 둘둘 말아 덮고 있었다. 온기를 간직하지 않은 작업실은 그의 작품세계와 닮아 있었다. '빈방'(2001), '비 개인 날의 오후', '첫 등교하는 날'(2013), '허공의 거처',

42) 땅속 깊은 밑바닥이란 뜻으로, 죽은 뒤에 넋이 돌아가는 곳을 이르는 말.

꽃무덤, 캔버스에 유화, 116.7cm X 91cm, 2016

'대흥탕에서 만난 노인', '바다를 건너온 노인'(2016)에서 보여주는 정서가 오롯이 배어 있다. 차가우면서 쓸쓸하고, 어수선하면서도 무거운, 혼란스러우면서도 어두운 기류가 뒤섞여 있는 공간이었다.

그러나 그 속에서 김우성의 시선은 따뜻한 곳을 지향하고 있었다. 온기를 지필 줄 아는 우직한 기개로 붓질을 해대고

비 개인날의 오후, 캔버스에 유화, 145cm X 112cm, 2013

있었다. 김우성의 예술적 지향은 인간의 근원적 따뜻함 혹은 인간 그 자체의 파괴적 일상을 적나라하게 파헤치는 데만 국한되어 있지 않다. 순간순간 드러나는 인간의 침묵과 무표정의 이면, 군중 속의 고독에서 인간의 본질을 말하려는 경향이 짙다는 점을 발견하는 것은 그렇게 어려운 일이 아니다. 그런 가운데 그의 창작적 태도는 격정적이라기보다는 매우 차분한 기조를 잃지 않고 있다.

이번 작품전에서의 가장 큰 성과는 과거 전시와의 맥락성이 뚜렷해졌다는 점이다. 이것은 작품에 반영된 색채와 기법의 문제가 아닌 대상과 교감하는 사유의 깊이에 골몰했다는 방증이리라. 그 결과물이 곧 '이불의 미학'이다. 인간은 태어나면서 이불 한 채씩은 가지고 태어난다고 볼 수 있다. 이불과 어머니의 모성 역시 닮아 있다. 김우성에게 '이불'은 초기 작품에서부터 등장하기 시작한다.

이불은 기본적으로 몸을 따뜻하게 한다. 이불은 죽음을 덮거나 감싸기도 한다. 그리고 눈물과 상처 입은 사람들의 도피처이기도 하다. 또한 한기와 수치스러움을 차단하는 도구이기도 하다. 그리고 이불의 이 같은 성질은 전통적 어머니상과 겹쳐진다. 이번 전시의 표제작인 '당신의 꽃무덤'이 대표적이다. 이불은 집의 축소판이자 어머니의 대체제라고 할 수 있다. 길 잃은 들짐승들에게 풀숲과 동굴이 체온을 지킬 수 있는 둥지인 것과 같다. 이를 통해 볼 때 김우성의 작품 기저에 깔린 사유의 거처는 결국 앞서 지적한 '순교자'에서 '세월호'까지에 머무르지 않고 있고 '당신의 꽃무덤'으로 이동하고 있으며 동시에 승화되고 있음도 보여주고 있다.

'푸른밤'(2015)과 '비 개인 날의 오후'(2013) 등에서 보여주는 이불은 기층민중을 감싸는 방식의 대지(大地)적 모성(母性)뿐만 아니라, '빈방'(2001), '바다를 건너온 노인'(2016) 등에서 보이는 특정부위만을 가리기 위한 최소한의 도구도 역시 '이불의 미학'을 구현하고 있는 작품이다. 게다가 김우성은 '세월호' 연작(2016)에서 분향소 바닥에 웅크리고 누워 있는 유가족을 덮고 있는 이불에 시선을 고정시키고 있다 점이 바로 그것이다. 김우성의 이불은 결코 '예단(禮緞)'이 아니다. 그가 감싸 안고 싶은 우리의 아픔과 눈물, 일상의 곤궁함에 포위된 우리 이웃들에게 어머니와도 같은 낡은 이불 한 채라도 되어 주고자 하는 있는 것이다. 앞으로 김우성의 작품을 좀 더 긴 호흡으로 지켜보고 싶은 기대감이 드는 이유가 여기에 있다.

7

시인의 상상력으로 도시에 생명력을

- [남 · 별 · 이] 'N잡러' 설정환 시인
  "도전 정신으로 길을 개척하는 '열정남'"(1편)

- [남 · 별 · 이] 'N잡러' 설정환 시인
  "시인의 상상력으로 도시에 생명력 불어넣어"(2편)

[남·별·이] 'N잡러' 설정환 시인 "도전 정신으로 길을 개척하는 '열정남'"(1편)[43]

시인, 국회의원 보좌관 등 다양한 경력
5·18기념재단 '주먹밥' 편집장 역임
전북 고창 '치유문화도시' 도시브랜딩 초석

'남도인 별난 이야기(남 · 별 · 이)'는 남도 땅에 뿌리 내린 한 떨기 들꽃처럼 소박하지만 향기로운 사람들의 이야기를 전하고자 합니다. 여기에는 남다른 끼와 열정으로, 이웃과 사회에 선한 기운을 불어넣는 광주 · 전남 사람들의 황톳빛 이야기가 채워질 것입니다. 〈편집자 주〉

시인에서 국회의원 보좌관, 그리고 마을 기획자로 변신을 거듭해 온 설정환 광주 북구 마을자치도시재생센터대표.

그는 다양한 경력 스펙트럼이 말해주듯 늘 새로운 상상력과 도전 정신으로 자신의 길을 개척해 온 '열정남'입니다.

그가 문학에 흥미를 갖게 된 계기는 고등학교 재학 당시 국어교사인 장교철 선생님의 추천으로 국어국문학회에서 발간

43) KBC광주방송, 박준수, 2024. 12. 21.

한 영인본 '국어국문학'을 직접 구입해 틈틈이 읽은 것이 동기가 되었습니다.

▲ 고창문화도시센터장으로 활동 당시 설정환 시인

▲ 광주사회복지시설 실무 글쓰기 특강 장면

조선대 '터앝문학동인회'에서 활동

그리고 조선대 국문학과 재학시절에 '터앝문학동인회'에서 활동하면서 당시 문병란 ,백수인 교수 등에게 습작 비평을 듣는 것이 작품 수준을 끌어올리는 원동력이 되었습니다.

그는 "고향 순창의 아버지와 어머니의 치열한 삶에도 불구하고 농민의 삶과 현실의 괴리감이 극복되지 않는 사회적 현실과 두 분이 살아가는 순정한 삶의 간극을 문학이 아니고서는 표현할 길이 없었기에 몰래 외양간 옆 문간방에서 시를 쓰는 날이 많아졌다"고 회고했습니다.

그 과정에서 1993년 조대신문이 주관하는 '민족문화상' 시 부문에 당선되면서 창작활동에 자신감이 붙기 시작했습니다.

동시에 학교 밖에서는 시나 소설 창작에 목마른 작가지망생들이 모여 '문학동인 맥'을 만들어 '예술의 거리' 찻집 등을 아지트 삼아 창작열을 불태우기도 했습니다.

이들 가운데는 광주일보 신춘문예 출신의 송은유 소설가 등 문단에 등단한 경우도 있습니다.

또한 '터앝문학동인회'가 배출한 문인으로는 이효복, 박현우, 김재준, 강혜원, 유진수 시인 등이 활동 중이며, 정강철 소설가 등이 현역으로 왕성한 작품활동을 하고 있습니다.

조선대 국어국문학과를 졸업한 그는 2004년 광주전남 민족문학 작가회의 기관지인 '함께 가는 문학' 시 부문 신인상 에 '향기로운 물기' 외 3편이 당선되며 문단 활동을 시작했습니다.

▲ 지역 방송국 진행자 시절의 설정환 시인

2007년 광주전남작가회의 사무처장으로 활동

이어 2007년 광주전남작가회의 사무처장으로 활동하면서 5·18기념재단 소식지 '주먹밥' 편집위원과 편집장을 역임했습니다.

그는 "이 당시 가장 핵심적인 메시지를 담은 표지화를 지역 출신 화가들의 작품을 게재하기로 한 점과 5·18을 어떻게 대중화하고 세계화할 것인가를 놓고 편집위원들과 치열하게 토론하며 제작에 관여했던 점은 지금도 자부심을 느낀다"고 말했습니다.

또한 '5·18 사적지'를 지역의 소설가, 시인 등을 통해 실상을 조명하는 '오월역사문화기행'을 기획했는데, 이는 5·18 사적지 27곳을 연결하여 만든 '오월길'의 단초를 제공했습니다.

그리고 광주 북구청이 지원하는 '광주문화아카데미'를 광주전남민족문학작가회의가 주관하면서 지역 고유성과 정체성을 제고하는 과정에 행정과 시민단체의 역할을 어떻게 풀어 갈 것인가를 경험하는 계기가 됐습니다.

김재균 국회의원실에서 정책보좌업무

2008년 5월부터 북구청장 출신의 김재균 국회의원실에서 4년간 정책보좌업무를 하였습니다.

지식경제위원회(현 산업통상자원중소벤처기업위원회) 소속 김 의원을 꼬박 4년 동안 보좌하면서 광주 산업지도를 바꾸는 일에 투신한 시간들은 문학도이자 시인인 그를 광주 정치와 산업생태계에 대한 인식을 바꾼 소중한 기회가 되었습니다.

▲ 설정환 포토에세이『파리, 날다』

그는 2010년 11월 첫 시집『나 걸어가고 있다』(시와사람)를 출간했습니다.

이어 2012년에 포토에세이『파리, 날다』(한스미디어)를 냈습니다.

스웨덴에서 활동하는 포토그래퍼 매그너스 무어의 원작 'The Life Of Fly'(파리, 날다)는 우연히 발견한 파리 스케치와 사진만을 담은 이채로운 책으로, 그는 여기에 짤막한 글을 덧입혀서 독자들이 쉽게 작품에 접근할 수 있도록 한 것입니다.

김재균 의원이 재선에 실패한 이후 그는 시와사람 강경호 발행인과 함께 2012년 사단법인 에코미래센터를 설립해 전국의 샘물, 우물, 약수터 등을 국가콘텐츠 자원화하는 시민사회활동에 뛰어들었습니다.

▲ 고창문화도시센터장 시절 문화재청장상 수상

이후 2015년 새정치민주연합 광주광역시당 정책실장이라는 당직자의 길에 접어들었습니다.

정책실장 재임 기간에 20대 총선 '정책개발단' 발족과 5·18재단 등과 함께 국립 아시아문화전당 건립 과정에서 옛 전남도청 본관에 있던 5·18 당시 총탄 흔적이 지워진 데 대해서도 논의, 복원 방안을 강구하는 한편 지만원 씨의 5·18 폄하 발언 등의 문제를 공동 대응했습니다.

'노란 병아리 정류장' 아이디어 제안

특히 새정치민주연합 '국민예산마켓' 누리집에 아이들 사고를 예방하기 위해 어린이들이 유치원 갈 때 이용하는 전용 정류장을 설치하자면서 '노란 병아리 정류장' 아이디어를 제안, 당시 문재인 새정치민주연합 대표가 해당 제안을 구매해 주목을 받기도 했습니다.

김재균 의원실 근무를 계기로 시작된 정치권에서의 활동은 정책실장을 거쳐, 국회의원 권은희 의원실 보좌관과 국민의당 사무처장, 국민의당 당대표실 국장 등을 끝으로 일정한 거리를 두게 되었습니다.

2021년 4월부터 2023년 4월까지 만 2년 동안 고창군에서 역점적으로 추진하는 고창문화도시조성사업을 총괄하는 고창문화관광재단 고창문화도시센터장으로 활동했습니다.

그 과정에서 문화체육관광부 법정문화도시에 선정되는 성과를 도출해 2023년부터 2027년까지 총 5년 동안 총사업비 160억 원을 확보해 고창군이 안정적으로 '치유문화도시'로 도시브랜딩 목표를 달성할 수 있도록 하는 초석을 놓았습니다.

[남·별·이] 'N잡러' 설정환 시인 "시인의 상상력으로 도시에 생명력 불어넣어"(2편)

광주 북구 마을자치도시재생센터 대표로 활동
주민의 문화예술과 복지 여건 활성화
한강 작가 브랜드 활용 도시 저력 발휘

'남도인 별난 이야기(남 · 별 · 이)'는 남도 땅에 뿌리 내린 한 떨기 들꽃처럼 소박하지만 향기로운 사람들의 이야기를 전하고자 합니다. 여기에는 남다른 끼와 열정으로, 이웃과 사회에 선한 기운을 불어넣는 광주 · 전남 사람들의 황톳빛 이야기가 채워질 것입니다. 〈편집자 주〉

▲ 북구 마을자치도시재생센터 대표 임명장 수여식(왼쪽)

설정환 시인은 현재 광주광역시 북구 마을자치도시재생센터 대표이사로 활동 중입니다.

북구 마을자치도시재생센터는 기존 '아름다운마을만들기센터'와 '도시재생지원센터'가 통합되어 설립된 사단법인으로 2024년 1월 1일 자로 개관하였습니다.

기존의 공동체 활동이 하드웨어적인 측면인 마을을 아름답게 꾸미는 활동에 주안점을 두었다고 한다면, 현재는 기후변화에 따른 위기의식이 주민들의 공동체 의식을 깨우쳐 탄소중립활동을 통한 공동체 활동으로 지역사회 주민공동체의 이슈가 이동하고 있고 이런 활동이 탄력을 받을 수 있도록 지원하고 있습니다.

▲ 북구 마을자치도시재생센터 워크샵

지원하는 마을공동체 100여 개

매년 북구에서 지원하는 마을공동체의 개수는 100여 개가 넘고 있으며, 북구를 6개 생활권역으로 나누어 탄소중립연합공동체를 구성하여 활동하고 있습니다.

도시재생분야는 기존의 도시재생사업으로 조성된 행복어울림센터, 버드리어울림센터, 풍물갤러리, 두암2동 커뮤니티센터, 그리고 여러 도시재생사업장을 주민들에게 개방하여 문화와 예술과 복지 등 융합적인 마인드로 활성화하려는 노력을 하고 있습니다.

전국적으로 도시재생사업을 진행한 곳은 대개가 후속 관리 문제가 심각한 지역현안으로 대두되고 있는 가운데 북구는 이 같은 문제를 한발 앞서서 전문가와 주민과의 도시재생정책연구를 통하여 문제를 하나하나 해결하는 방향과 전략을 정하고 있습니다.

그 일환인 도시재생 주민제안공모사업으로 생활환경개선사업과 주민공동이용시설의 활성화를 위해 구체적으로 사업들을 실행하고 있습니다.

▲ 순창군 금과면 지역미래유산 답사

'그린마을만들기' 우수사례 수상

주민자치와 마을공동체와 도시재생의 화학적인 결합방안을 실제화하고 주민자치와 마을공동체와 도시재생사업의 통합 기능 모델이 성공하고 지속가능성이 담보될 수 있도록 주민과 전문가, 행정이 머리를 맞대는 방식의 중장기계획 수립 방안을 강구 중입니다.

그동안의 성과로는 '북구도시재생포럼', '찾아가는 마을공론장', '오월첫동네 프리지페스티벌' 등 주민과 함께 연구하고, 주민이 함께 만드는 축제를 통해 마을활동가들의 역량이 지역의 로컬브랜딩으로 충분히 자리 잡을 수 있도록 노력하였습니다.

특히 최근 대통령 직속 국민통합위원회 주관 '기업과 함께하는 아름다운 동행' 우수사례로 '주민주도의 탄소중립 그린마을만들기'를 추진해 북구 마을자치도시재생센터가 국내 유수의 9개 기업들과 함께 12월 우수사례 수상을 앞두고 있습니다.

도시재생사업지의 성과 관리 중요

그는 재직하면서 보람 혹은 기억에 남는 일로 지난 6월 광주 모 케이블방송에 출연해 '마을자치를 이끄는 당신! 바로 이 도시의 주인입니다'를 주제로 강연과 대담을 진행한 것을 손꼽았습니다.

센터가 출범한 지 불과 6개월밖에 안 된 상황에서 광주와 북구민을 대상으로 센터의 역할과 사업들에 대해 소개하고 설명할 수 있는 기회였다는 점에서 인상적으로 기억에 남아 있습니다.

▲ 한국관광학회 여수국제학술대회에 참가한 설정환 시인(오른쪽 두 번째)

그는 도시재생사업의 앞으로의 과제에 대해 "도시재생사업의 성과로서 탄생한 공간이 특정인들의 전유물처럼 인식되거나 지역민들의 민원의 대상으로 전락되는 사례가 적지 않다"고 지적하면서 "북구의 27개 주민자치회 등이 도시재생 사업지의 성과를 사업의 끝이 아닌 새로운 이정표로 삼는 게 중요하다"라고 강조했습니다.

그는 시인으로서의 문화적 역량이 마을자치도시재생센터 직무에 상당한 도움이 되고 있다고 설명했습니다.

▲ 북구 마을자치도시재생센터 간담회

북구는 도시브랜딩에 성공한 지자체

"주민과 마을을 둘러싼 낡고 열악한 도시의 형태를 변화하기 위해서는 창의적 발상이 요구되는 도시브랜딩사업의 성격을 볼 때 시인으로서 단련된 창의성과 참신성, 상상력은 도시의 생명력을 불어넣는 불쏘시개 역할을 하게 된다"고 언급했습니다.

특히 북구는 일찍이 문화동에 ‘시화문화마을’을 탄생시키며 도시브랜딩에 성공한 지자체로서 그 어느 지자체와 견줘도 뒤지지 않는 마을자치사를 써 온 대표도시라는 점을 덧붙였습니다.

끝으로 그는 “노벨문학상을 수상한 소설가 한강의 출생지(광주 북구 중흥동)라는 자긍심을 가지고 지역민의 문학성과 예술성을 제고해 세계문학시장에 북구의 가치와 정서, 도시의 저력을 발신하기 위한 대비를 차분하게 해야 할 때”라고 주문했습니다.